OHSAMA BUNKO

世界の超常現象ミステリー

博学面白倶楽部

三笠書房

はじめに――そしてまた「新しい謎」が生まれる

どれだけ文明が進歩しようとも、科学が発達しようとも、**世界は人智《じんち》を超えた出来事や常識では理解できない現象であふれている。**

霊や未知の生物の存在をはじめ、奇跡を起こす遺物、不可解な事件や事故、謎めいた古代遺跡など、超常現象としか言いようのない不思議が、世界中に横たわっている。

古今東西、そこに人はロマンを感じ、興味をひかれてきた。数多《あまた》の人が真相解明に挑《いど》んできたものの、一筋縄にはいかず、さまざまな説が唱えられては消えていった。中には突飛《とっぴ》な説まで登場し、世間を騒がせたりもした。

たとえば、UFOの存在。「エリア51」に代表されるように、アメリカ政府はUFOの実態をつかみながらも、それを世間に隠しているのではないかと、長年うわさされてきた。しかし公式見解では、これまでかたくなにエリア51なる施設は存在しないし、UFOもいないと言い張り続けてきた。

ところが、ここにきてアメリカ中央情報局（CIA）が、エリア51の存在を認めたのだ。この流れに呼応《こおう》するかのように、アメリカ国防総省は、二〇〇四年と二〇一五年に海軍が撮影した正体不明とされていた飛行物体の映像を公開。その正体はわからないと認めている。

さらに、二〇二一年には、アメリカの国家情報長官室（ODNI）が、未確認飛行物体に関する報告書も公開した。一四四件の飛行物体について正体を特定できないと認めつつ、今後、飛行物体を特定するための計画策定に取りかかると発表した。近い将来、長い間ミステリーとされてきたUFOの正体が、つまびらかになるにちがいない。


もうひとつ、未確認生物（UMA）の代表格とされる雪男についても、研究者たちによって調査が進んでいる。

雪男はヒマラヤでは「イエティ」と呼ばれ、古くから知られた存在だった。一九世紀、欧米に知られるようになった当初は、旧人類の生き残りとみなされ、一大センセーションを巻き起こしてきた。

しかし、今世紀に入り、イエティの体毛とされたサンプルをDNA鑑定にかけてみると、クマと遺伝情報が一致。この体毛は旧人類ではないとされた。ただし鑑定に用いたサンプルは数点のみで、イエティの存在の有無まで結論づけなかった。さらなる鑑定が進めば、イエティの実態が明らかになるだろう。

このように、これまでオカルトやただのフィクションにすぎないとされてきた現象に今、科学のメスが続々と入ってきている。

その結果、**従来の通説とは異なる事実や新しい見解が導き出され、そこにまた新たなロマンが生まれてくる**。本書では、一度は耳にしたことのある超常現象の数々を紹介している。これら**謎の現在地**を確かめてほしい。

博学面白倶楽部

◎もくじ

1章

今なお、この世に残る「謎の遺物」たち
——〝歴史の深奥〟に最新研究で迫る！

2章

それは史実か？　伝説か？
——あなたの常識が覆される〝数々の符合〟とは

3章

異世界からのメッセージ

——あの世とこの世をつなぐ扉はすぐそこに……

4章

見えない力《フォース》を感じる世界

――人間はただ操られているだけ⁉

5章

迷宮入りした世界の怪事件

――闇の底に封印した驚くべき真相とは

6章

もうひとつの顔を持つ古代文明

——禁断の新説!?　明らかになった真実！

7章

その生物は本当に姿を現わしたのか？

——「存在する証拠」から見えてくること

8章

想像を超えた「不可思議な現象」

――今日もどこかで〝謎めいたこと〟が起きている！

写真提供◎国立公文書館：21ページ、国立国会図書館：79ページ、ロイター／アフロ：101、201ページ

1章

今なお、この世に残る「謎の遺物」たち

――〝歴史の深奥〟に最新研究で迫る！

予言か、偶然か。江戸の浮世絵に描かれていた東京スカイツリー

江戸時代に東京スカイツリーの建設が予言されていた――。

近年、浮世絵をめぐり、そんなオカルトめいた話が世間をざわつかせた。東京スカイツリーといえば二〇一二年に完成した、当時では世界一の高さを誇ったタワーである。このスカイツリーが、江戸時代の浮世絵にすでに描かれていたという。

その浮世絵とは、奇想天外《きそうてんがい》な絵を描いたことでも知られる浮世絵師、歌川国芳《うたがわくによし》の『東都《とうと》三ツ股《みつまた》の図』である。一八三一年頃の作品で、現在の隅田川一帯の情景を描いている。右側に永代橋《えいたいばし》と見られる橋、手前には船底をいぶしている漁師の様子が描かれている。

問題は浮世絵の左奥にある。**高くそびえる二本の塔が描かれているのだが、特に右側のものは当時としてはあり得ないような高層になっている。**形状もたしかにスカイ

江戸の隅田川を描いた歌川国芳『東都三ツ股の図』（1831 年頃）。
二本の塔（左奥）の右側は東京スカイツリー？

ツリーを彷彿《ほうふつ》とさせるもので、方角も現在の位置に近い。これはいったい何なのか。

一八五〇年に描かれた『深川佐賀町惣絵《そうえ》図』によると、隅田川河岸には火事の場所を特定するための見張り台「火の見櫓《やぐら》」があったことが記録されている。国芳の浮世絵に描かれた二本の塔のうち、左側の塔は形状から見ても火の見櫓に間違いない。

しかし問題は右の塔である。これはどう見ても火の見櫓には見えない。

これほど高い塔の存在なら、どこかに記録が残っていそうだが何も残されていない。やはり国芳が予言したスカイツリーだったのか……。

☆「火の見櫓」とは別のもうひとつの塔

ひとつ考えられるのは、井戸を掘るための井戸掘り櫓である。当時の井戸掘りは高い櫓を組んで棒を持ち上げては落とすという突き掘をしていた。この周辺は、海を埋めた埋立地のため、ふつうに井戸を掘っても海水が汲《く》みあがってしまう。そこでより深く掘って地下水を得ようと、大きな高い櫓が必要だったのではないかという。しかも、井戸掘り櫓は井戸を掘れば解体するため、記録にない理由の説明もつくというわけだ。

一方で、海水がしみ出すこの地に大工事をしてまでわざわざ井戸を掘る必要性があったのかという疑問の声もある。この場所に井戸掘り櫓を建てるのは不自然だというのだ。

真相は描いた本人のみしか知り得ないが、歌川国芳という人物は、骸骨《がいこつ》や妖怪《ようかい》などオカルトな作品を残した浮世絵師である。しかも、自分の死ぬ年を言い当てるなど予言者の一面を持ち合わせていたとも伝わる。そんな彼なら、二〇〇年後の未来の姿を浮世絵に忍ばせていたとしても不思議ではない。

江戸時代にたびたび飛来していた謎の物体「うつろ舟《UFO》」

二〇世紀に入り、世界各地で注目を集めてきた超常現象ミステリーの代表的なものにＵＦＯがある。だが日本では、すでに江戸時代から「うつろ舟」と呼ばれるＵＦＯらしき物体がいくつも確認されていた。

江戸後期の国学者・屋代弘賢《やしろひろかた》の随筆『弘賢随筆』に、「享和《きょうわ》三年（一八〇三）に常《ひた》陸国《ちのくに》鹿島《かしま》郡の浜に舟が漂着した」とある。これは**現在の茨城県神栖《かみす》市舎利《しゃり》浜《はま》にあたる場所で、そこに黒塗りの舟が漂着した**というのだ。

また、奇妙な服を着て、髪は赤黒く、顔が青白い長身の美女が乗っていたとある。

驚くのは舟の外観だ。直径五・五メートル、高さ三・三メートルほどの円盤型をしており、上半分は透明の窓で覆《おお》われていたらしい。これは我々がイメージするＵＦＯの形にそっくりである。

『南総里見八犬伝』の作者滝沢馬琴《たきざわばきん》も『兎園小説《とえんしょうせつ》』でこの出来事を取り上げている。舟は円盤型で下側は鉄板で覆われていたとある。浜の古老《ころう》が「この人はどこかの国の王女だろう。不義《ふぎ》をしたため流されたのだ」と言い出したため、気味悪がった人々はかかわりを恐れて舟を沖に流したという。

また『梅の塵《ちり》』という雑事件文集にも常陸国の浜に円形の船が漂着し、中に二〇歳前後の女性が乗っていたという話が残っている。

このように、茨城県には円形の船が到着したという文献が複数あることや、具体的に記された絵が残っていること、そして一八〇三年という年が一致することから考えて、どうやら茨城県に円盤の形をした不思議な舟が漂着したのは間違いないようだ。

☆漂着した円盤から降りてきた美女

では、この舟や美女の正体は何だったのだろうか。

異国船が漂着したとも考えられなくはないが、五メートル足らずの船で異国の女性が一人で航海をしていたとは考えにくい。小さな舟で海に出て浄土《じょうど》を目指す、観音《かんのん》信仰の補陀落渡海《ふだらくとかい》（浄土を目指して船で単身渡海すること）だったという説もあるが、

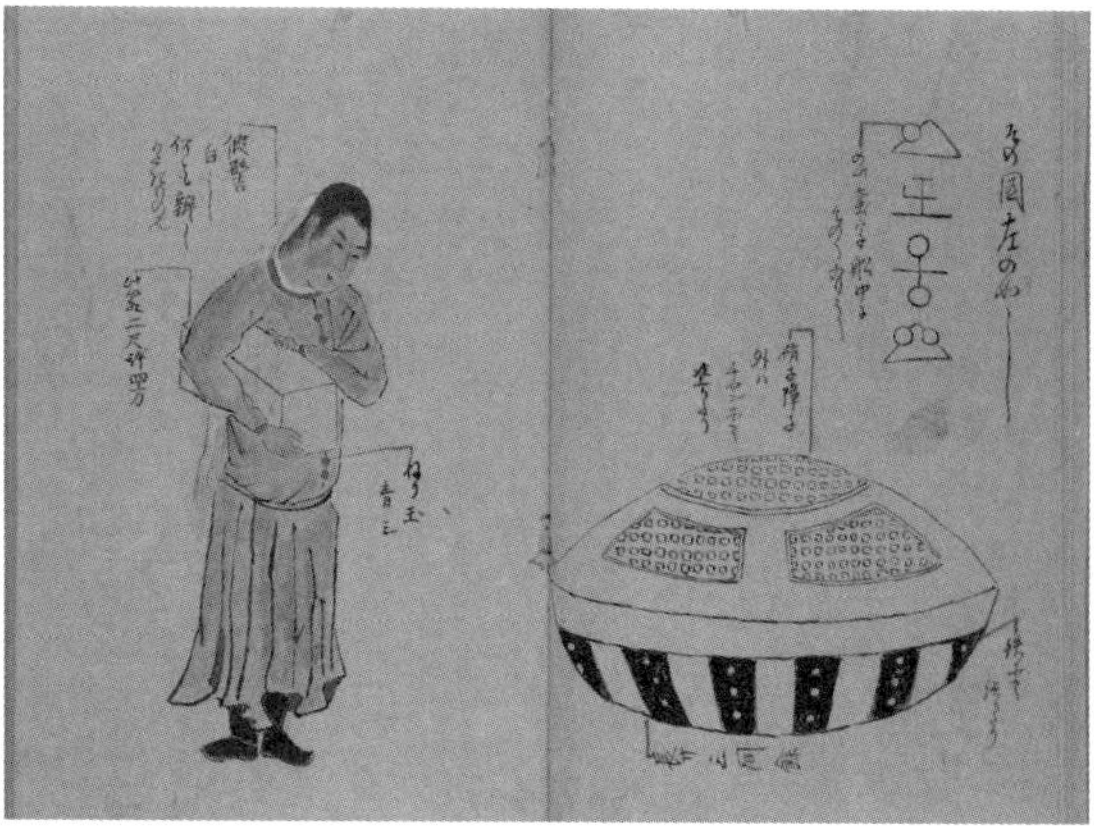

江戸時代に漂着した「うつろ舟」。乗っていた長身女性と謎の文字……いったいどこから？（『弘賢随筆』屋代弘賢著）

異国の身なりをした女性が乗っていたという点が合致しない。

一方で、この地方にはインドから船で漂着した「金色姫《こんじきひめ》」という女神が養蚕《ようさん》を伝えたという伝説がある。さなぎは赤黒く繭《まゆ》は白いことから、この女性は神聖な蚕《かいこ》の化身《けしん》と考えられたのかもしれない。伝説が謎の美女として結びつき、記録に登場するようになったというわけだ。

ただ、それにしても、この奇妙な舟の存在は説明がつかない。

江戸時代にこのような形をした舟はなく、ましてや江戸時代の人がＵＦＯの形を知るわけがない。それなのに、どうして円盤の形が描けたかが不思議である。やはり人智を超えた宇宙からのコンタクトではなかったか……。

実はこういった奇妙な船が目撃されたのは茨城県だけではない。各地で「うつろ舟」の目撃談が残っている。

たとえば、尾張《おわり》藩士の日記『鸚鵡《おうむ》籠中記《ろうちゅうき》』の中にも、愛知県の熱田地方に「美女が窓のある舟で漂着した」という記載がある。ここでも謎の舟と怪しい美女という点で一致しており、デタラメな話として片づけるわけにはいかないだろう。

江戸時代の人が見たものの真相は、謎のままである。

謎の地球儀の存在
――聖徳太子は何を知っていた？

七世紀の飛鳥時代に活躍したとされる聖徳太子といえば、超人伝説で知られた人物である。

産まれてすぐに言葉を発した、一度に一〇人以上の話を聞き分けられた、未来を予言できたなど、いくつもの逸話を持っている。これだけの才知を持つ彼であれば、地球が丸いということもすでに知っていてもおかしくないのではないか……。

そう思わざるを得ない不思議な遺物が存在する。それが「聖徳太子の地球儀」の存在である。

地球が丸いという事実が明らかになったのは、大航海時代の一六世紀になってからであり、七世紀を生きた聖徳太子が知るはずがない。にもかかわらず、兵庫県太子町《たいしちょう》の**聖徳太子が建立したという斑鳩寺《いかるがでら》には、聖徳太子ゆかりの品々の中に「地中石《ちちゅうせき》」と**

呼ばれる地球儀らしきものが存在する。

地中石はソフトボールほどの大きさで、表面の凸凹はそれぞれ陸と海を表わしているように見える。ユーラシア大陸、アメリカ大陸、アフリカ大陸のような陸地が刻まれ、しかも一九世紀になって発見された南極大陸とおぼしき部分も存在するという。加えて「墨瓦蠟泥加（メガラニカ）」という文字も記された不思議な球体なのだ。

☆そこには幻の大陸も

二〇〇〇年代に入ると、この地中石の素材分析がなされた。それによると、この地中石は石灰を固めた漆喰《しっくい》と海藻糊《かいそうのり》でできていることが判明している。この技法は戦国時代以降になって登場したものだ。

また、地中石に記されていた「墨瓦蠟泥加」は、かつてヨーロッパ人が南半球に存在すると考えていた幻《まぼろし》の大陸のことである。この名前は、一六世紀に世界一周したマゼランのスペイン語読みであり、どう考えても七世紀の聖徳太子が知るはずがない。

つまり、この地球儀らしき石は、聖徳太子の時代に造られたものではないことになる。ただし寺の目録によれば、この石が江戸時代にすでにあったことは確かなようだ。

以上から、地中石は江戸時代の半ば、西洋から伝わった知識を参考に日本で制作されてこの寺に奉納されたのではないかと見られている。

一説では、その作成者について日本初の百科事典『和漢三才図会《わかんさんさいずえ》』を手掛けた江戸時代の医師、寺島良安《てらしまりょうあん》ではないかとされている。この事典の中に描いた地球の絵が地中石によく似ており、そこに「メガラニカ」も紹介されていることがその根拠である。

とはいえ、地中石の来歴を記したものがなく、彼がなぜこのようなものを造り、この寺に奉納したのかなど、詳細については謎が多いのも事実だ。

また、聖徳太子ゆかりの品とされる以上、聖徳太子と何かつながりがあるのではないかと思いたくなるのも当然だろう。聖徳太子の時代よりもっと前の古代ギリシャ時代では、すでに地球が丸いという概念に気づいていたといわれる。地球儀を造ったとはいわないまでも、予知能力があったとされる聖徳太子なら、地球が丸いことに気づいていたとしても不思議ではない。

水晶ドクロ「クリスタル・スカル」を一三個並べると……

「クリスタル・スカル」と呼ばれる水晶で作られたドクロ（人の頭蓋骨《ずがいこつ》）の存在は、映画『インディ・ジョーンズ』でも登場するほど、有名な遺物だろう。

水晶ドクロは世界各地で発見されているが、もっとも有名なのは、一九二七年、中米の英国領ホンジュラス（現在のベリーズ）のマヤ系遺跡のもので、探検家のヘッジスが発見した「ヘッジス・スカル」である。

なにより驚かされるのはその精巧《せいこう》さである。一個の水晶原石を削《けず》って、目や鼻、口、歯の一本一本に至るまで精密に造形されている。下あごは取り外しが可能で、ドクロの下から光を当てると眼光が光るなどといった仕掛けも施《ほどこ》されていた。

信じられないのは、この水晶のドクロが一〇〇〇年前の遺跡から出てきたことである。

そもそも水晶は硬度がある反面、壊れやすいため、高度な加工技術が必要になる。現代の技術ならいざ知らず、一〇〇〇年前の技術でどのような加工技術があったのか、謎のひとつとされてきた。

そもそも**古代人たちが、なぜドクロ、つまり人の死を象徴する人間の頭蓋骨を水晶で加工したのか**という疑問も残る。

ただマヤ文明において、水晶とドクロには特別の意味があったようだ。

マヤでは、神官が死の呪《のろ》いをもたらすためにドクロを用いていたと伝えられる。またマヤの伝説では、水晶には人智を超えた超自然的な力があり、崇拝《すうはい》の対象とされてきた。そこで、呪いの力を持つドクロに水晶の力が宿ることで、特別な力が生み出されると考えられた。

そして世界には一三個の水晶ドクロがあり、それがすべてそろったとき、宇宙の叡《えい》智《ち》を手にすることができる――。

発見者のヘッジス自身も「これはマヤの儀式に使われる、悪の化身だ」と語っている。

☆物体が勝手に動き出す「ポルターガイスト現象」

未知の力を宿す水晶ドクロが一三個集まるという伝説が示すように、水晶ドクロはヘッジス・スカル以外にもいくつか発見されてきた。

マヤの神官が使ったとされる「マヤ・スカル」や「マックス・スカル」、アメリカのスミソニアン博物館にあるドクロ、イギリスの大英博物館所蔵のものなどがある。

しかも、水晶ドクロには不気味な話がつきまとう。

ヘッジス・スカルの近くでは物体が勝手に動くポルターガイスト現象が起きたことが報告されているし、スミソニアン博物館の水晶ドクロは、持ち主が次々と破産や自殺など不幸に見舞われたといういわくつきである。

さらにマックス・スカルは、テレパシーのようなもので人とコンタクトをとれるとされるなど、水晶ドクロにまつわる怪奇談は枚挙《まいきょ》にいとまがない。

ただ、現在発見されているドクロの中には、捏造品《ねつぞうひん》も混じっていることはたしかな

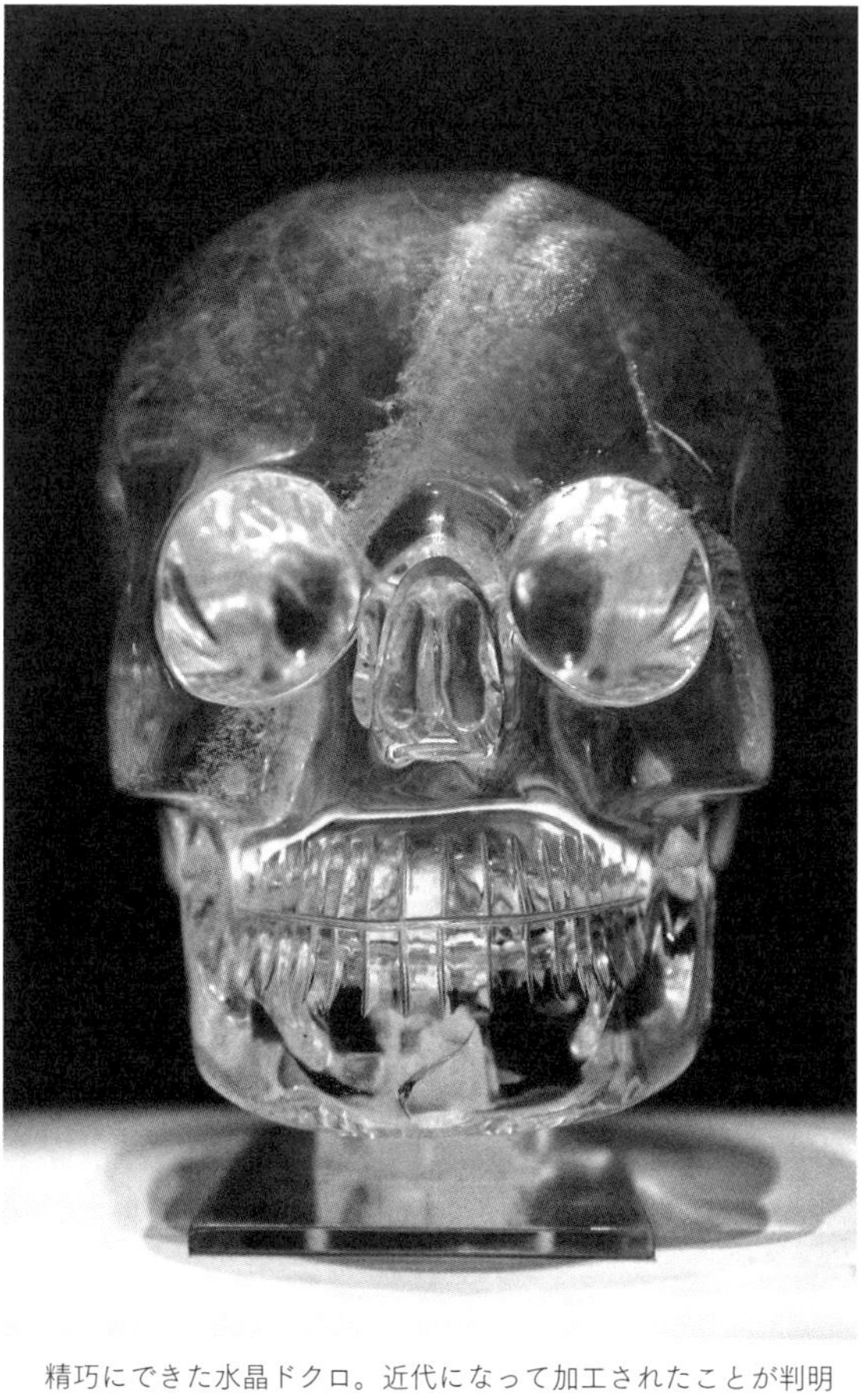

精巧にできた水晶ドクロ。近代になって加工されたことが判明した大英博物館所蔵のひとつ

ようだ。

科学的な調査の結果、大英博物館の水晶ドクロは、回転式カッターや鉄製の工具などを使って加工されたものと推定されている。このドクロ以外にもいくつかは近代の手が加えられたものだと判明している。

しかし、冒頭のヘッジス・スカルについては、白黒の判断がつかないと前置きしながらも「今の技術を使っても、莫大《ばくだい》なコストと時間がかかる」という調査結果が出されている。

では、誰が何のために作ったのか、本物の水晶ドクロが一三個集まると何が起きるのか、真相を知るのは水晶ドクロだけである。

イエスの聖骸布について二〇〇九年の新発見

イタリア・トリノには「トリノの聖骸布《せいがいふ》」とも呼ばれる布がある。これはゴルゴタの丘（エルサレム）で処刑されたイエス・キリストの遺体を包んで埋葬《まいそう》に使用したとされる聖遺物のひとつで、信仰の対象となってきた。

大きさは縦が四・四メートル、横一・一メートルの亜麻布《あまぬの》（リンネル）で、そこには男性の全身像がうっすらと浮き出た不思議な布である。細長い布を二つ折りにして、はさむように遺体を包んだと考えられている。

信仰の対象になってきただけに、これがはたして本当にキリストの遺体を包んだものなのか、長い間真贋《しんがん》論争が続いてきた。

そもそもなぜ、この聖骸布がヨーロッパのイタリアにあるのかというと、一四世紀に十字軍がエルサレムからフランスへと持ち帰ったのが始まりとされる。一三九〇年代、フランスのリレー公がリレー教会でこれを公開して歴史の表舞台に出た後、イタリア王家の所有となり、一九八三年にローマ法王に献上《けんじょう》された。そして現在、トリノの聖ヨハネ大聖堂に保管されている。

聖骸布の真贋論争が広く世に出たのは一八九八年、**トリノの写真家がこの聖骸布の写真を撮ったところ、ネガにイエスとも思われる姿が見えた**ことが大きい。アゴヒゲをたくわえた顔、体の傷跡、血がついたような跡《あと》まで写し出されていたのである。

この時代に存在するはずのない人物がどうやって写りこんだのか。これこそイエスの奇跡ではないかと世間を騒がすことになった。ここから今に続く真贋論争が始まった。

☆「処刑された」と書かれていた!?

二〇世紀になると科学調査によって真実が動き出す。まず、一九六〇年代から七〇年代にかけての調査の結果、この布は紀元前に中近東で生産された布で、キリストの時代のユダヤ特有の縫い方が用いられていることが明らかになる。

さらに、当時の植物の花粉が付着していること、布にエルサレムに多い土がついていることが判明した。まさにイエスの時代と一致する。

加えて、布には手首や足にくぎで打たれた穴の傷があり、顔に打撲、背や胸にムチ打ちの傷、わき腹に槍《やり》の傷があることなども明らかになった。また血液型がAB型であることも判明した。

このことは、エルサレムの地で処刑の前に顔をぶたれ体をムチで打たれて、最期は磔《はりつけ》となり、わき腹を槍で突かれた、イエスの結末を示しているかのようだ。おまけに布には遺体が腐敗した痕跡《こんせき》がない。これは「キリストが死んで三日後に復活した」という聖書の記述通り、遺体が腐敗する前に布から引き離されていたことを暗示していた。

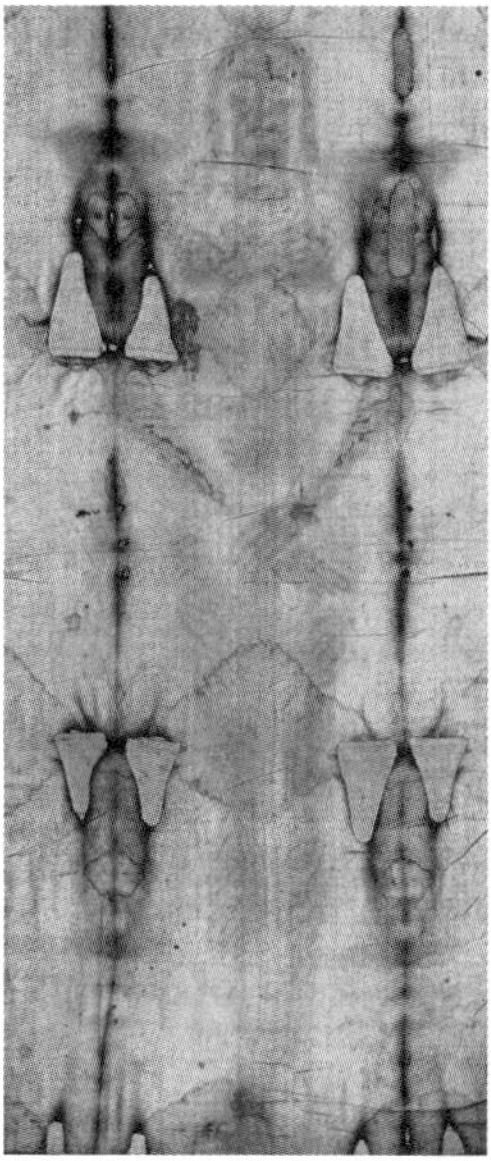
イエスの遺体を包んだとされる「トリノの聖骸布」。中央付近にその全身像がうっすらと……

こうした事実から、フランスの数学者デ・ケール氏は、イエスの聖骸布の可能性が高いと結論づけた。しかし、一九八八年、思わぬ事実が判明する。放射性炭素年代測定により、布は一二六〇～一三九〇年のものであることが推測された。

つまり、イエスの時代よりずいぶんあとの時代の布だったというのだ。ところが、不可解なことに生データの公表はされず、また、測定方法に誤りがあったとする報告も出てきたため、この結果に疑問の声も出始めた。

そして近年、再び本物ではないかという説が浮上している。

二〇〇九年、ローマ法王庁の歴史研究家が布の画像解析を行なった結果、顔の周辺に、イエスの時代に使われていたアラム語、ギリシャ語、ラテン語で「ナザレのイエス」「処刑された」などと書かれた文字が見つかったと発表した。

当時、遺体判別のため名前を書いた紙を布に張り付けておく習慣があったのだが、その紙のインクが布にしみ出して残ったものと考えられるという。やはり、イエスを包んだ布だったのか――。

もちろん後世に書き足された可能性もあるが、これまでの数々の一致を見れば、ただの偶然とは言いがたいのも事実である。

石造りの古代都市・インカ帝国に今も残る石材加工は誰が？

世界遺産マチュピチュで知られるインカ帝国は、一二世紀に成立し、一六世紀にスペイン人に侵攻されるまで、現在の南米コロンビアからチリ中部に至る広大な地域に、一〇〇〇万人以上の人口を誇る大帝国だった。

そのインカ帝国は、石壁や通路、建造物などに石が使われた石造りの都として知られている。それも単なる石造りではなく、当時の常識では考えられない高度な技術を用いたものだった。特に驚かされるのは、石の積み上げ方である。石と石を接合する部分に接着のための溶剤などを一切使わず、「カミソリの刃一枚も通さない」ほど、隙間《すきま》なくピタリと積み上げられている。その見事さに侵略したスペイン人たちも衝撃を受けたにちがいない。

これほど緻密な建築は、現在でも高い技術が必要になる。**これらの石を鉄器も機械**

もないインカの人々がどうやって積み上げたのか。人の手だけで可能なのだろうか。

推測だが、方法がないわけではない。まずは石鎚《いしづち》や石斧《いしおの》、青銅製のノミなどで石が平面になるよう加工する。重ね合わせる石を上に置いて、ツチ（ハンマーのようなもの）やノミを使って石同士がぴったり接合するように石を削っていく。さらに、砂や砥石《といし》で両面を磨いていけば接合できるというのだ。

たしかにインカ帝国首都・クスコの石はどれも丁寧《ていねい》に磨かれているが、気の遠くなるような歳月がかかりそうな話である。

ただこの方法では、また新たな疑問を呼び起こす。クスコには四角い形だけでなく多角形の石がある。中には一二角形の石も存在している。これは地震が起きたときに、建造物にかかる負荷《ふか》（力）を分散させて倒壊を防ぐ目的があったのではないかと推測されている。

この多角形の石も、それぞれの面が隙間なくピタリとはめ込まれている。いくら時間をかけたからといって、複雑な多角形の面をすべて合わせることは容易ではなかったはずだ。

☆「超古代文明」以外に何が考えられるのか

さらに驚かされるのがクスコの近くのサクサイワマン遺跡に残る巨石群である。巨石が三層に積み上げられた石組みが、左右にジグザグを描きながら約三六〇メートルも続いている。

やはり、これらの石もびっしり隙間なく積み上げられている。巨石は高さ五メートル、重さ数百トンに及ぶものもある。これほど大きい石を研磨《けんま》しながら合わせていくのは現代でも難しく、当時の技術ではどう考えても不可能だという。では、その技術がどこからもたらされたのか……。

石材加工の技術について、記録や伝承が残されていないことがかえって不気味である。インカ帝国には、我々が思い至らないような超古代文明があったとしか考えられないという主張もある。

一五〇〇年前の南米を飛行機が飛んでいた!?

飛行機といえば、近代の科学技術の産物である。ところが、今からはるか一五〇〇年前、実は飛行機のような飛行物が空を飛んでいたのではないか。そんな期待を抱かせている遺物が、南米のコロンビアで見つかっている。

コロンビアでは五〇〇〜八〇〇年にかけてシヌー文化が栄えていたが、その古代遺跡から五センチ程度の黄金製の装飾品が発見された。支配者が首に飾っていたペンダントと考えられている。

その装飾品の形は、胴体から左右と後ろに突出した板状のものがついているのが特徴で、発見された一八世紀には、翼を持った鳥、もしくはヒレのある魚を模《も》したものではないかと考えられていた。

コロンビア・シヌー文化の遺跡から見つかった黄金のペンダント。鳥か、魚か、それとも空飛ぶ乗り物か……

ところが一九六九年、この装飾品のモデルとなった動物の特定を依頼されたアメリカのサンダーソン博士の指摘により事態が一変する。

博士が生物をモチーフにしたものではない可能性が高いと指摘したのだ。その理由は翼の位置で、動物は胴体の上部に翼がつくのに対し、この装飾品は胴体の下部に翼がついていたからである。

さらに動物よりも形が現代の飛行機によく似ているとして、何かの乗り物を模したものではないかと仮説を立てたのだ。

たしかに、動物というよりも、どちらかといえば人工的な造形物のように見えなくもない。しかも垂直尾翼《びよく》や三角翼《よく》、コックピットなど現代の飛行機と共通するような部位もついている。

とはいえ、一五〇〇年前に飛行機らしき物体が存在したとは考えにくい。

世間でも当初は一笑に付《ふ》されていたものの、コロンビアの周辺国のペルーやベネズエラからも同じような細工品が発見されたことで、飛行機説に注目が集まった。これこそ宇宙と交信していた証《あかし》ではないかとまでうわさされた。

☆古代の人々が駆使した航空力学

さらに、一九九六年にはドイツの研究者が、この装飾品をモデルに飛行機の模型を作り、飛行実験を行なったところ、実際に空を飛ぶことに成功したという。

つまり、この装飾品は航空力学の理にかなった造形をしていたことになる。やはり**古代の人々は、独自の技術で飛行機らしきものを作れたのではないか……**。改めて飛行機説が支持されるようになったのである。

一方で反論も根強い。鳥といった生物をモデルにしていれば、飛行できる仕組みであるのは当然であること、当時は動物をモデルにした装飾品がほかにも発見されていたことから、やはり動物をイメージして作られたものと考えるほうが自然だというのだ。

では、人工的な形や現代の飛行機と似た部位があることは、どう説明すればいいのか。謎は深まるばかりである。

空飛ぶ乗り物の存在が事実なら、古代人は現代人が知らない技術を持っていたということになる。

解読できない文字のヴォイニッチ手稿、二〇一九年の新説とは

ただのデタラメの文書なのか、はたまた何かを隠した暗号文なのか、いまだ多くの人を悩ませている謎の文書がヴォイニッチ手稿《しゅこう》である。

ヴォイニッチ手稿は一九一二年、アメリカの古書物商ウィルフレッド・ヴォイニッチがイタリアの修道院で発見した。大きさはＡ５サイズよりやや小ぶりで二四〇ページあまり。中には風変わりな文字と見たことのない植物、天体らしき絵など、カラーの挿絵《さしえ》が掲載されていた。以降、彼の名をとってヴォイニッチ手稿と呼ばれることになる。使われている顔料《がんりょう》や紙、放射性炭素年代測定から一四〇〇～一四四〇年あたりに制作されたものとされている。

手稿には一六六五～一六六六年頃に、現チェコのプラハ大学学長のヨアネス・マルカス・マルチからイエズス会の暗号に詳《くわ》しい学者アナタシウス・キルヒャー宛《あて》に解読

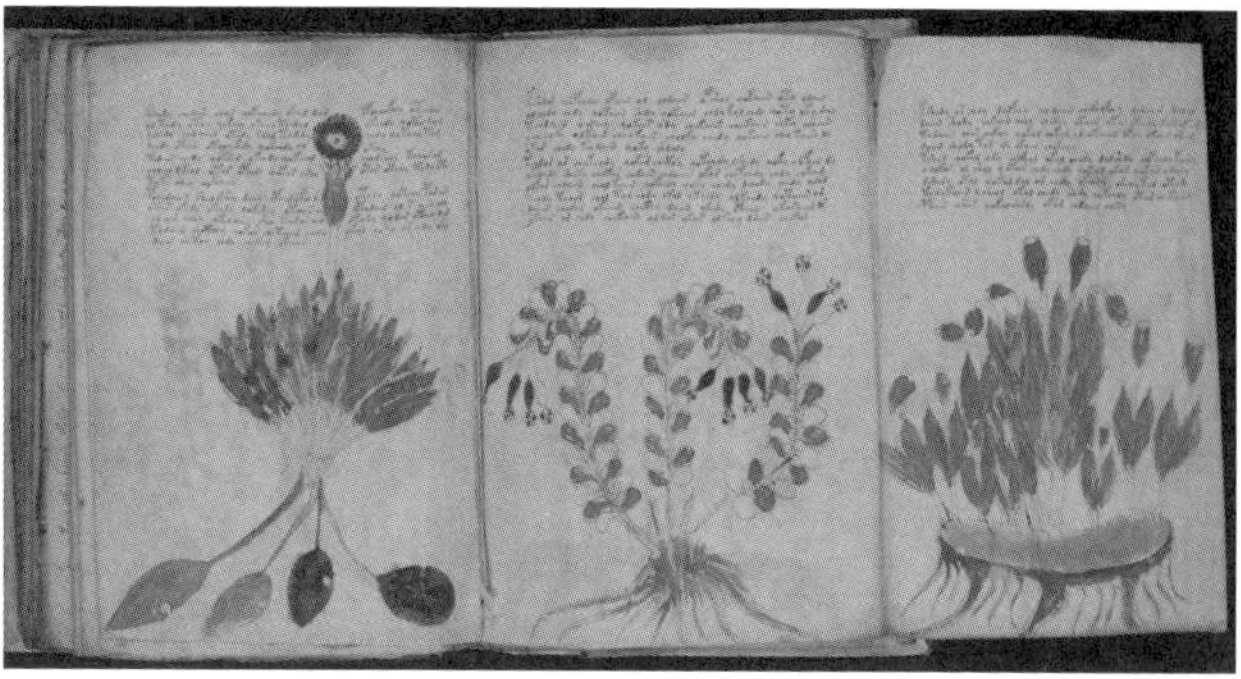

1400年頃に製作された謎の文書「ヴォイニッチ手稿」。
失われた言語「ロマンス祖語」なのか？

の依頼文書が入っていた。それによると同書は神聖ローマ帝国皇帝ルドルフ二世が高値で購入し、その後、プラハの錬金術師《れんきんじゅつし》の手を経《へ》てマルチ学長の手に渡ったものらしい。

神聖ローマ帝国の皇帝が所有していたという文書には何が書かれているのか。一見したところ植物が多く描かれているので薬草図鑑を思わせる。天体の絵は薬草を集めるための時期を表わしたものと推測できた。そのため、誰もがすぐに読み解ける文書だろうと考えていた。

ところが**一七世紀以降、何人もの人が解読を試みたのだが、いまだに成功していない。**マルチ学長から解読を依頼されていたキルヒャーもできなかったようだ。

★超難解な暗号なのか？

この解読を難しくしているのは、そもそも何語で書いてあるのかも不明な点である。なぜ、誰にもわからないような言葉で書かねばならなかったのか。その点も大きな謎だった。

ただ、文字には規則性があり、デタラメな文章ではないことは確からしい。手稿に頻繁《ひんぱん》に出てくる文字をアルファベットに置き換えるという手法で、二九の記号や文字を使用していることまで突き止めたのだが、意味までは判明しなかった。

そうした中、一九一九年、ペンシルバニア大学の教授ウイリアム・ローメス・ニューボールドが暗号を解読したと発表した。記号をローマ字に変換して文字を置き換える手法で解読したのだという。結果、この本は一三世紀の学者ロジャー・ベーコンの暗号の書であると主張したのである。ただ、都合のいい解釈も多かったため、この説は否定されている。

その後も多くの人が解読に挑戦したものの、いまだ判然としていない。第二次世界大戦後には暗号解読で有名なフリードマンも解読を試みている。彼によれば、これは暗号ではなく人工的に作られた言語ではないかという。

最近も二〇一九年に、イギリスの学者による新たな説が出された。

これは暗号ではなく、現在のフランス語、イタリア語、スペイン語の基礎となった、今は絶滅した話し言葉（ロマンス祖語）ではないかという。

内容は、修道女がスペインのアラゴン王国の王妃マリアに宛《あ》てて書いた生活を記した読み物だったと主張している。誰も読み解くことができなかったのは、暗号だったわけではなく、すでに失われた言葉で書かれていたからだというのだ。

しかし、これまでのところ、世界のどこにもロマンス祖語で書かれた文書が残っておらず、本当にそれがロマンス祖語なのかを確かめようがない。信ぴょう性に欠けるという反論もあり、いまだ完全な解読には至っていない。

2章

それは史実か？　伝説か？

――あなたの常識が覆される〝数々の符合〟とは

キリストの墓は青森にあった！

ゴルゴタの丘で磔にされたとされるイエス・キリスト。日本人からすれば遠い異国の出来事のように思えるだろう。

ところが、そのイエスが実は磔の刑を逃《のが》れ、日本にたどり着いていたという説がある。それは言い伝えだけによるものではなく、キリストのものとおぼしき墓まで存在するからだ。

その墓のある場所は、十和田湖に近い青森県新郷村戸来《しんごうむらへらい》。この村の小高い丘には円形の塚が二つ並び、それぞれに十字架が立つ。**向かって右が「十来塚《とらいづか》」というキリストの墓で、左は「十代墓《じゅうだいぼ》」と呼ばれ、イエスの弟イスキリの遺髪と聖母マリアの遺骨が納められている**というのだ。

青森・新郷村戸来にある十字架。
「生き延びたキリストの墓」といわれるだけの状況証拠が……

キリストが日本に来たという伝承は、昭和初期の『竹内文書《たけうちもんじょ》』に登場したのが始まりである。

『竹内文書』は、『天津教《あまつきょう》』の教祖・竹内《たけうち》巨麿《きよまろ》が超古代文明について著した書で、この中で、竹内は一九三五年当時、戸来村と呼ばれていたこの村を訪れ、埋もれていた塚を見つけたと記している。そして、この塚こそキリストの墓であると主張した。

それによれば、キリストは二一歳のときに来日して修行し、二三歳で帰国し布教に励んだが、最期は磔に処せられることになった。しかし、弟イスキリが身代わりとなって磔となり、生き延びたキリストはシベリア経由で日本に渡ってきた。そして青森県の戸来村に住みつき、十来太郎大天空《とらいたろうだいてんくう》と名乗って一〇六歳で生涯を終えたという。

荒唐無稽《こうとうむけい》なこの話は見向きもされなかったが、一九三七年に社会活動家の山根キクが、この説を支持した書がベストセラーとなったことから、日本におけるキリストの墓の存在が広く知られることとなった。

さらに、キリストはここで子孫を残したとされ、キリストの末裔《まつえい》である沢口家が、代々「キリストの墓」を守ってきたという伝承も生まれたのである。

☆この地の赤ん坊の額には十字が

しかし、キリストの来日説の発端《ほったん》となった『竹内文書』は、眉唾《まゆつば》の本として知られており、史実としての信ぴょう性は低いだろう。ただ、まったくのデタラメな話として一笑に付してしまうには、奇妙な一致があるのも事実である。

キリストとはヘブライ語で救世主を意味する言葉だが、戸来はそのヘブライが転訛《てんか》して戸来になったという説がある。また、村では昔、父のことをアダ、母のことをアバと呼んでいたらしい。これはキリスト教のアダムとエバに通じていると考えられなくもない。

このほかにも、赤ん坊を初めて屋外に出すときに、額《ひたい》に墨で十字を書く風習があるし、キリストの末裔とされる沢口家の旧家の家紋は、ダビデの星（ユダヤの象徴）と酷似した桔梗紋《ききょうもん》である。

また、この村一帯で昔から歌い継がれてきた「ナニャドヤラ」という民謡は、地元の人も意味を知らない歌詞だったが、ある研究者が「お前の名をほめ讃《たた》える」という意味のヘブライ語に訳せることを指摘している。

このように、キリストとの結びつきを彷彿とさせる由来や風習が多く残る不思議な場所が、戸来村なのだ。

『旧約聖書』に書かれた「ノアの方舟」を見つけた！

『旧約聖書』の中でも有名なエピソードのひとつが、人類の歴史の第一歩ともいえる「ノアの方舟《はこぶね》」の物語だろう。

神は堕落《だらく》した人間に幻滅し、洪水で滅ぼすことにしたが、信心深いノアという人物だけは救おうと考え、ノアに指示を与える。ノアは神の命に従い、大きな方舟を作り、そこに家族と地上のつがいの動物とともに乗り込んだ。やがて四〇日間大雨が降り続き、地上はすべて水の底に飲み込まれてしまう。ノアの方舟は海原をさまよったのち、「アララト山」に漂着する。こうして助かったノア一家から人類の新しい歴史が始まっていく――。

この壮大なノアの方舟伝説は、伝説にすぎないと思われていたが、実は史実かもしれない……。**ノアの方舟が漂着したとおぼしき場所からその残骸らしきものがいくつ**

も発見されているからである。『旧約聖書』には場所は記されていないが、アララトがアルメニアの古名であるため、今ではアルメニアに近いトルコの「アララト山」を方舟の伝説の地とみなす説が有力だ。

　アララト山は標高五一三七メートルの大アララト山と標高三八九六メートルの小アララト山からなる火山である。周囲にはマーセ（破滅の日）、エレバン（最初の出現地）など、伝説を彷彿とさせる地名もあり、おまけにアララト山のふもとには方舟の形を思わせる地形が残っている。そのためこの地は古くから伝説の地とみなされてきた。一三世紀のマルコ・ポーロも「アララト山の下に方舟が埋まっているが、万年雪のため取り出せない」という聞き書きを残している。

　それでも長らく伝説の域を出なかったが、一九世紀以降に登頂する登山家が増えると、方舟のようなものを見た、舟の木片を拾ったという証言が相次ぐようになり、ここがノアの方舟が漂着した場所ではないかと注目されるようになった。

　一方でアララト山とは特定の地名ではなく、たくさんの峰がある広大な地域を指す言葉であり、現在のアララト山を指しているわけではないと否定的な説もある。

☆船の残骸を示す木片の発見

二〇世紀に入って、ロシア軍のパイロットが飛行中、アララト山の斜面にある湖に太いマストと丸屋根を持つ大きな舟を発見したと報告し、話題になったことがある。このとき、改めて調査が行なわれたが、それらしき舟は発見できず、確証までには至らなかった。

もうひとつの説は、同じトルコではあるものの、ジュディ山こそが方舟が漂着した山だとするものだ。こちらでも一九四九年に探検隊が、方舟の残骸ではないかと考えられる木片を発見している。また、大きな方舟の跡と見られる地形も見つけており、にわかに注目を集めた。

どちらが方舟伝説の山かははっきりしないが、いずれ方舟の残骸が発見される日がくると期待されている。

今日では、方舟の残骸とされる茶色い木片が、アルメニアの世界遺産エチミアジン大聖堂に展示されている。

アーサー王の聖杯は、どこに存在するのか？

六世紀、ブリテン島を外敵から守った英雄・アーサー王の物語は、「アーサー王伝説」として中世ヨーロッパの文学の中心となってきた。中でも聖杯を求めて冒険をした話は有名である。

聖杯は、キリストの聖遺物とされる。キリストが最後の晩餐《ばんさん》のときに使用したとも、キリストが十字架に架けられたとき、流れ出た血を受けたものともいわれる。この**聖杯はいくつも奇跡を起こしたことから聖遺物として崇《あが》められ、これを手にしたものは偉大な力を手に入れられる**とまでうわさされた。

アーサー王伝説では、この聖杯を求めてアーサー王とその騎士たちが冒険の旅に出る。苦難の末に騎士のひとり、ガラハッドがこの聖杯を見つけ出すが、この聖杯とともに天に昇ったとされる。この伝説に従えば、聖杯はこの世にはもはや存在しないことなる。ただ、これはあくまでもフィクションであり、実はある場所で守り継がれてきたという話がある。

☆テンプル騎士団が守り続けた本物は

それはアーサー王の伝説とはまったく異なるもので、もともと聖杯はエルサレムの神殿に置かれていたという。ローマ軍にここが侵攻された際、神官たちの手によって聖杯をはじめ、財宝はヨーロッパに移された。そして彼らの子孫が、これら財宝を代々ひそかに守り続けた。

やがてその後裔《こうえい》となるのが一二世紀に創設したテンプル騎士団である。最強の騎士団とうたわれた彼らは、聖地を守ると同時に、ひそかに守護者として聖杯を守り続けていたとされる。

だが、一三〇七年、テンプル騎士団は異端とみなされ、騎士たちは次々捕まり、一三一二年には壊滅《かいめつ》に追い込まれたのは、歴史のよく知るところだろう。

では、彼らが守護してきた聖杯はどうなったのか。

このとき、聖杯は彼らが属していたロスリン礼拝堂に移されたともいわれていたが、実はテンプル騎士団の壊滅以降、その消息はぷっつりと途絶《とだ》えてしまう。財宝については騎士団だった者がひそかに持ち出したというが、存在すらわからない。聖杯も関係者によってひそかに持ち出され、守られているとされるが、誰も見たことがない。

実はスペインのバレンシア大聖堂には、イエスの弟子ペテロが持ち出したとされる別の聖杯が存在する。暗赤色《あんせきしょく》のメノウでできた直径九センチの半球状をしており、**キリストが最後の晩餐で用いたもの**とされている。スペインの考古学者の研究によって、紀元前四世紀から一世紀の間に、パレスチナあたりで作られたものであると示されたことから、これこそが本物ではないかという主張もある。

このように世界各地にいくつかの聖杯にまつわる話があり、いまだどれが本当の話なのかは、はっきりしていない。テンプル騎士団が守り続けてきたとされる聖杯は、本当に存在したのだろうか。

失われたアーク（聖櫃）はエチオピアに存在した

「契約の箱」とも呼ばれる聖櫃《せいひつ》は、イスラエルの民を導いたモーセが、神から授かった十戒《じっかい》を刻んだ石板を収めた箱である。十戒とは一〇の掟《おきて》で、いわばイスラエルの民と神の契約の印だった。聖櫃は縦が一二〇センチ、横と高さが六〇センチ。アカシア材で作られた箱は純金で覆われ、箱の上には二体の純金の天使像、四隅には金の輪が取りつけられていた。

この聖櫃は、イスラエルの民が放浪していた時代、移動する際にはいつも先頭に配され、滞在する場所では移動式の神殿に安置された。いわば聖櫃は、イスラエルの民の信仰の拠《よ》りどころだったのだ。

聖櫃には超自然的な力が宿っていたらしい。戦時にはひとりでに飛んでいって敵の城壁を壊したり、イスラエルの民にとって最大の強敵であったペリシテ人の支配下になり、相手の手に渡ったときには、彼らに疫病《えきびょう》をもたらしたともいう。

聖櫃はこのような不思議な力を持っているとされていたため、いつしかこれを手に入れれば世界を支配できるという話が生まれ、時の権力者たちは血眼《ちまなこ》になって探し求めた。

しかし、誰もこれを手に入れることができなかった。なぜなら早くから行方知れずとなっていたからである。「失われたアーク（聖櫃）」として、後世に語り継がれることとなった。

もともと聖櫃は、イスラエルが統一されると、首都エルサレムにある紀元前一〇世紀頃のソロモン王が立てた神殿に安置されていた。

しかし、紀元前五八七年に新バビロニア王国がエルサレムを陥落《かんらく》し、神殿を焼き払った。これ以降、聖櫃は行方不明になってしまう。

このときに一緒に焼失したとも、預言者エレミヤによって持ち出され、どこかの洞《どう》窟《くつ》に隠したとも伝わる。その後はバチカンの地下や死海のほとりに隠されたともいわれるが、真相は定かではない。

一方で、実は聖櫃は伝説にすぎず、存在しないのではないかと指摘する声もある。

☆「それはわが国にある！」

諸説入り乱れる中、聖櫃の所有を明言している国がある。それはエチオピアである。一三世紀に編纂《へんさん》されたエチオピアの史書『ケブラ・ナガスト』に聖櫃の来歴が記されているのだ。

それによれば、一世紀にエチオピアに建国したアクスム国の初代国王は、イスラエルのソロモン王とシバの女王との間に生まれた子で、成人してイスラエルのソロモン王のもとを訪れた際、聖櫃を持ち出し、エチオピアに持ち帰ったとされる。

エチオピア正教会は、アクスムのシオンの聖アリア教会に何百年も前から現在に至るまで聖櫃を保存してきたと主張している。それを裏づけるかのように、教会では年に一度、聖櫃のレプリカが街を巡幸し、そのまわりで人々が踊る祭りが残っている。ただ、聖櫃のレプリカは布で覆われて直接見ることはできず、どんなものなのかまでは確認できない。

本物の聖櫃を目にした者はおらず、そもそも本当にこの教会にあるのかも確証はない。

事実、この教会に安置されているという話のほかにも別の説が存在する。

古代イスラエル王国から分裂したユダ王国の王が、紀元前六五〇年頃、異教を崇拝したため、ユダヤ教の神官たちが聖櫃を持ってエジプトに亡命した。そこに神殿を設《もう》けて聖櫃を安置していたが、紀元前五世紀にエジプト人に神殿を破壊されたため、神官たちはエチオピアのタナ・キルコス島へ聖櫃を持ち出したというのだ。ただ、その後の消息は杳《よう》として知れない。

本当に存在するのか。存在するならどこにあるのか。やはり「失われたアーク（聖櫃）」のままなのか。

ヒトラーも追い求めたロンギヌスの槍

キリスト教徒たちによって信仰の対象とされてきた聖遺物にロンギヌスの槍がある。これはキリストが磔にされたとき、生死を確認するためにわき腹に突き刺した槍である。槍でついた兵士の名をとってロンギヌスの槍と呼ばれた。この兵士は盲目だったが、キリストの流れ出た血を受けて目が見えるようになったと伝わる。

キリストの血がついたロンギヌスの槍は聖槍《せいそう》として信仰の対象となり、ヨーロッパ各地に伝わった。

二〇世紀初頭には四本の聖槍が実在していたと伝わるが、聖なる力がもっとも強いとされたのが、ハプスブルク家が持っていた聖槍だ。

この聖槍には不思議な力が宿り、所有者には偉大な力が与えられると考えられてきた。八世紀のフランク王国のカール大帝、一二世紀には神聖ローマ皇帝のフリードリヒ一世が手にしているが、聖なる力を示すかのように、カール大帝はこの槍を片時も離さず、連勝を重ねて西ヨーロッパの覇者となった。フリードリヒ一世も遠征を行ない、領土を拡大して英雄と讃えられた。

その後、ハプスブルク家の所有となり、一族はヨーロッパで強大な勢力を誇った。

☆聖槍にあった「もうひとつの力」

この聖槍を欲したひとりの男が現われた。アドルフ・ヒトラーである。

ヒトラーはこの槍を手に入れようと躍起《やっき》になって探したという。一九三八年にオーストリアを併合すると、ハプスブルク家の財宝を押収し、その中にあった聖槍を手に入れることに成功する。

ヒトラーはこれをニュルンベルクの教会に安置した。すると聖槍の力であろうか、ヒトラー率いるドイツ軍は、西ヨーロッパで破竹の快進撃を続けた。そしてついには、ソ連をも標的にしたのである。

ところが、この聖槍にはもうひとつの力があったらしい。手にすれば大きな力を得られるが、手元から離れた途端、それまで所有していた者に牙《きば》をむくようだ。たしかに史実もそれを物語っている。

肌身離さずこの槍を持っていたカール大帝はその槍を落とした直後、命まで落としたとされる。また、フリードリヒ一世はシチリアで川を渡る際、この槍を落としてしまい、その直後に、やはり絶命している。

そしてヒトラーも同じ運命をたどる。一九四五年、連合国軍によってニュルンベルクが陥落し、この槍がアメリカ軍の手に落ちた頃、ヒトラーはベルリンの地下壕《ごう》で自殺を遂《と》げるのだ。

光の力と闇の力、所有者にどちらも与える槍であり、時の権力者を翻弄《ほんろう》してきたといえるかもしれない。

『旧約聖書』に登場する「バベルの塔」はどこに？

『旧約聖書』の「創世記」に登場するバベルの塔の話をご存じだろうか。

バビロンに住む人間たちは、みな同じ言葉を話していた。やがて慢心した人間は天まで届く塔を造り、天と地を結ぼうという野望を抱くようになる。レンガで積み上げられた塔は、最上階まで登るのに一年かかるという壮大な高さになる予定だった。

ところが、人間の傲慢《ごうまん》を知った神は怒り、人々が協力できないよう、違う言葉を話すようにしてしまう。結果、人間はお互い意思疎通《そつう》をはかれなくなり、塔の建設も放り出して世界各地へと散らばった――。

『旧約聖書』に登場する未完成のこの塔は、どこかに実在するのではないか……。

昔から多くの人がその場所を探し求めてきた。そもそも天まで届くような壮大な建物を造ることができたのかという疑問もあるが、メソポタミアにはバベルの塔のモデルではないかという建物がいくつか存在する。

それは**紀元前三〇〇〇年頃から建てられた「ジッグラト」と呼ばれる不思議な塔である。**階段状の層がいくつも重なった形をしており、土を固めたものをレンガで囲んで積み上げられたものだ。ピラミッドのように内部に部屋があるわけではない。墳墓《ふんぼ》でも、住居でもなく、守護神を祀《まつ》る神殿塔《しんでんとう》といわれている。

中でも古代ギリシャの歴史家ヘロドトスが、バビロンを訪れて見たジッグラトはバベルの塔ではないかという説がある。彼は、「それは天まで届くかのような壮大さで、らせん状の階段が上へと続き、頂上には古代バビロニアの最高神マルドゥクが祀られていた」と残しているからだ。

☆新たに見つかった「粘土板」

二〇世紀に入ると、ジッグラト付近からこの塔の詳細を記したと思われる粘土板が見つかっている。一辺九〇メートル四方、高さも九〇メートルあり、七層構造からなる建物で、最上階には神殿のスペースがあったことが記されていた。

まさに、バベルの塔にふさわしい壮麗な建物だったことが想像された。

実は、ジッグラトはほかの地域にも数多く造られていた。にもかかわらず、この塔がバベルの塔と目《もく》されたのには理由がある。

『旧約聖書』が書かれた時代、捕囚《ほしゅう》の身であったヘブライ人たちは、新バビロニア王国のバビロンの都市建設で働かされていた。ヘブライ人たちは建築現場で働きながら、かつてこの地にあったバビロンの塔を思い起こし、バベルの塔の話を『旧約聖書』に著《あらわ》したのではないかと考えられたからだ。

ただこれで、バベルの塔のモデルと確定したわけではない。一九三五年にはイランで紀元前一六～前一一世紀に栄えたエラム王国の都市「チョガ・ザンビール遺跡」が発見されている。この遺跡にも五層のジッグラトがあり、レンガを何層にも積み上げた階段状の複雑な建物となっていた。これこそバベルの塔のモデルだとする説もある。

どちらがバベルの塔のモデルだったのかは、いまだ意見が分かれており、『旧約聖書』に書かれたバベルの塔がどんな形をしていたのか、その実態を知るのは、もう少し先のことになりそうである。

クノッソス宮殿は地下の迷宮（ラビリンス）なのか

ギリシャ神話の中でも知られたエピソードのひとつにミノタウロス神話がある。ミノス王の妻が牛と交わったことで牛頭人身《ぎゅうとうじんしん》の怪物、ミノタウロスが誕生した。ミノス王は醜《みにく》い姿のミノタウロスを嫌い、遠ざけたかった。そこで建築家のダイダロスに、**二度と外に出られない地下迷宮ラビリンスを造らせて、ミノタウロスを幽閉することにした。**

ミノタウロスはこの迷宮で、ミノス国に従属するアテナイから生贄《いけにえ》として送られてきた子どもたちを食べて暮らした。これに立ち向かったのが、アテナイ王子のテセウスだった。あるとき、この生贄の子どもたちの中に混じって迷宮に入り、ミノタウロスを退治することに成功した――。

長らく神話として伝えられてきたが、二〇世紀に入ると突如《とつじょ》、史実かもしれないという可能性が出てきた。一九〇〇年にイギリスの考古学者アーサー・エヴァンズが、クノッソス宮殿を発見したことで、現実味を帯《お》びてきたのである。

この発見により、クレタ島では紀元前二五〇〇〜前一四〇〇年にギリシャ文明のルーツとされるミノア文明が存在し、エーゲ海を中心にエジプトまで交流していたことが明らかとなった。

そしてこのクノッソス宮殿こそ、ラビリンスではないかと考えられたのである。宮殿は東西一七〇メートル、南北一八〇メートルもある建物で、内部は三層、四層と入り組んでおり、部屋数は一五〇〇を超えていた。それはまさに迷宮のように複雑だった。

内部には玉座《ぎょくざ》や祭祀《さいし》の間のような空間があったので、当初は王の宮殿とも思われたが、人が生活していた痕跡がなかったことから否定された。また、廊下が入り組んで実用的でないこと、城壁や砦《とりで》などの防衛施設がないことなどから、死者のための宮殿、あるいは儀式に使われた宮殿とも推測された。

しかし、それ以上に、この宮殿がミノタウロス神話の宮殿だと考えられたのは、至る所に牛の装飾が施されていたことだった。壁画には牛跳び競技も描かれていた。牛跳び競技は、少年たちが牛を飛び越える技を競うもので、命がけの競技だったといわれる。この競技とミノタウロスの神話を結びつける説もある。

いずれにしても、この宮殿は牛を神聖視していることが、はっきりしたのである。

☆発見された子どもの人骨——ミノタウロス神話

一九七九年、ある発見により、一気にクノッソス宮殿がミノタウロス神話の宮殿だった可能性が高まっていく。宮殿の地下から子どもの人骨が多数見つかったのである。しかも骨には刃の傷跡があり、それを鑑定した骨の専門家は、死体をバラバラにするのではなく、肉を削《そ》いだときにつくものだと報告している。それは、埋葬のためではなく、食するような儀式が行なわれていたことを示していた。

これこそ、ミノタウロスに捧げられた生贄の子どもたちではなかったのか……。

牛頭人身のミノタウロスの存在はフィクションであったとしても、クノッソス宮殿では実際に恐ろしい儀式が執《と》り行なわれていた可能性がわかってきたのである。

ホメロスの叙事詩に書かれていた通りだった⁉ トロイ遺跡

トロイ国の王子が、ギリシャのスパルタの王妃ヘレネを連れ去ったことから、トロイとギリシャで戦争が始まった。これがホメロスの叙事詩《じょじし》に記されたトロイ戦争である。一〇年にも及ぶ戦いの末、トロイの城内に運び込まれた木馬の中に隠れていたギリシャ兵たちが深夜に抜け出し、堅牢《けんろう》だった城を襲撃することができ、ギリシャ軍が勝利を収めた。

史実を物語るものが存在せず、長い間、トロイ戦争どころかトロイの存在もフィクションだと考えられてきた。

ところが一九世紀、一気に史実として注目され始める。トロイの伝説は史実だと信じていた**ドイツの考古学者のシュリーマンが、トルコのヒッサリクの丘で発掘作業を進め、一八七三年に遺跡を発見した**のである。そこからプリアモスの財宝と呼ばれる黄金の装飾品も出土し、彼はそこがトロイの遺跡だと確信したのである。

☆何層にも重なっていた遺跡

今日、シュリーマンが発見した遺跡は、実はトロイ戦争の時代のものではないとされている。その後の調査によって、この遺跡はトロイ戦争の時代より古い紀元前二二五〇〇~前二二五〇年の第二層だと判明したからだ。

ただ、この結果によりトロイそのものの存在が失われたわけではなく、この地に、たしかにトロイの町が存在していたことは間違いないだろうと考えられている。

この遺跡は紀元前三〇〇〇年前からローマ時代まで九つの層からなっており、古い街の上に新しい街が積み重なってできていた。そのためシュリーマンは、自分が発見した二層目の遺跡が、ホメロスの叙事詩にあるトロイ戦争の証拠だと考えたのだ。

その後の調査で、紀元前一七五〇~前一三〇〇年の六層目か、紀元前一三〇〇~前九五〇年頃の七層目こそが、トロイだと推測されている。

なぜなら、この時代の地層がトロイ戦争時代と合致することや、遺跡に火災や破壊の跡などが見られたからである。

都市全体に火災の跡がある六層目が、トロイ遺跡と有力視されているものの、七層目の可能性も捨てきれず、確証に至っていない。たしかに七層目はホメロスの叙事詩に記されたトロイの町の様子と一致しているからだ。

たとえば、頑丈な城壁があったが西側の壁は粗末なこと、門の前に大きな塔があることなどが記されており、実際に七層目の城壁は厚さ四メートル以上あるものの西側の壁は粗末で、入口には大きな塔があった形跡が見られた。

確証を得るため、六層目と七層目を改めて調査すればよいはずだが、ここに大きな問題が生じていた。二層目をトロイと信じて疑わなかったシュリーマンの強引な発掘により、ほかの層を無遠慮に破壊していたため、確認できない状態だった。

皮肉なことに、トロイの存在を証明しようとしたシュリーマンだったが、彼によって本当の姿がわからなくなったのである。トロイの謎は、まだ残されたままである。

伝説のアトランティス大陸は地中海にあった？

地球上にはいくつか失われた大陸があるといわれるが、中でもドラマチックな物語から、多くの人を惹《ひ》きつけてきたのがアトランティス大陸だろう。

この大陸は、ギリシャの哲学者プラトンの著書『クリティアス』『ティマイオス』の中に記された国である。

時はプラトンの時代（紀元前四二七～前三四七年）より九〇〇〇年前のこと。「ヘラクレスの柱」と呼ばれる場所に、海神ポセイドンの子どもたちが、それぞれ土地を支配し、治める国があった。最年長のアトラスの名をとってアトランティスと呼ばれる繁栄していた国があったが、やがて堕落したため、最高神ゼウスの怒りを買い、地震と大洪水により一夜にして沈んだと伝えられる。架空の話とされる一方で、プラトンは史実をもとに記したはずだと多くの人々が、その場所を探し求めてきた。

まず、**「ヘラクレスの柱」とは、ヨーロッパとアフリカの境にあるジブラルタル海峡のことで、その外側には大西洋があるが、まずは、この大西洋からアトランティス探しが始まった。**

大西洋の中央にある火山によってできたアゾレス諸島や、バミューダ海域のビミニ島なども候補とされたが、やがて候補地は世界に広がっていった。

☆決定打に欠く候補地

中でも本命視されたのが地中海地域。特にギリシャのサントリーニ島は五つの島からなる火山島だが、かつてはひとつの大きな島だった。紀元前一六〇〇年頃の火山の爆発で島の中央部が陥没《かんぼつ》して海水が流れ込んだため、現在のような五つの島になった。まさに沈没した島ということで、これこそアトランティス大陸ではないかとみなされたのだ。

しかも、宮殿や豪華な装飾品などの古代遺物が発見されており、かつて繁栄した国が存在していたことも明らかにされている。

ただ、アトランティス大陸には高級軍人だけでも六万はいたという軍隊と、それ以上の民が暮らしていたとされる国だったようで、サントリーニ島では小さすぎるという指摘がある。そこで注目されたのが、サントリーニ島から南へ一〇〇キロメートルほどに位置するクレタ島である。

一九〇〇年にクレタ島からクノッソス宮殿が発見され、紀元前二五〇〇〜前一四〇〇年にミノア文明が栄えていたこと（68ページ）が判明すると、この地こそがアトランティス大陸ではないかと注目された。現在も五〇万人が住む島であることを考えれば規模も合うという。

ところが、これでアトランティス大陸発見かというと、そうもいかない。大きなネックとなるのが年代である。アトランティス大陸の物語は約一万二〇〇〇年前の話で、紀元前二五〇〇〜前一四〇〇年に栄えたミノア文明とはおよそ八〇〇〇年もの開きがあるからだ。プラトンが年代を間違えたのではないか、ミノア文明よりさらに古い文明があったのではないかという指摘もあるが、やはり判然としない。

そのため、いまだアトランティス探しの旅は続いている。

日本の失われた大陸・瓜生島伝説は本当だった？

日本にもアトランティス大陸のように、一夜のうちに沈没した島があった――。

大分県の別府湾に浮かんでいたとされる瓜生島《うりゅうじま》である。ただし、アトランティス大陸のように古代の話ではなく、**今から四百数十年前、豊臣秀吉が天下人の時代、別府湾沖を震源とする大地震により、瓜生島が海中に沈んだ**という。

だが、当時の記録に瓜生島の名もなければ、その島が沈んだことも記録されていない。瓜生島の名が資料に見えるのは江戸時代後期のこと。一八五七年に『豊陽古事《ほうようこじ》談《だん》』の「瓜生島図」には瓜生島が描かれている。東西約四キロ、南北約二キロの島で、一〇〇〇戸もの家々があったとされる。

とはいえ、この史料は面白い情報を集めた本で、史実としての信ぴょう性は低いとみなされてきた。

では、この瓜生島の伝説は、ただのホラ話だったのか。

☆沖の浜の記録が残っていないワケ

瓜生島の伝説が、まったくのホラ話なのかというとそうとも言い切れない。実は別府湾付近では、一夜のうちに沈んだ可能性のある場所が存在する。

それは沖の浜である。戦国時代の地図には大分川河口海岸に描かれており、当時、豊後《ぶんご》を治めていた大友氏の国際貿易の窓口になっていた。宣教師であるルイス・フロイスも「オキノファマ」に降り立ったとされるなど、その存在は広く知られていた。

沖の浜の船奉行だった柴山勘兵衛《しばやまかんべえ》重成《しげなり》は、沖の浜で起こったことを詳細に日記に残している。

「九月一日に地震あり。沖の浜の浦から潮が押し寄せ屋敷が海中に沈んだ。脇差で屋根を破り、妻と上に出て流れてきた板に乗って漂流。船に助けられた」

近年、古地震の研究が進むにつれ、大地震によって津波が押し寄せ、この沖の浜が沈んだ可能性が指摘されている。海底を調査したところ、地すべりを起こした痕跡も見つかっている。

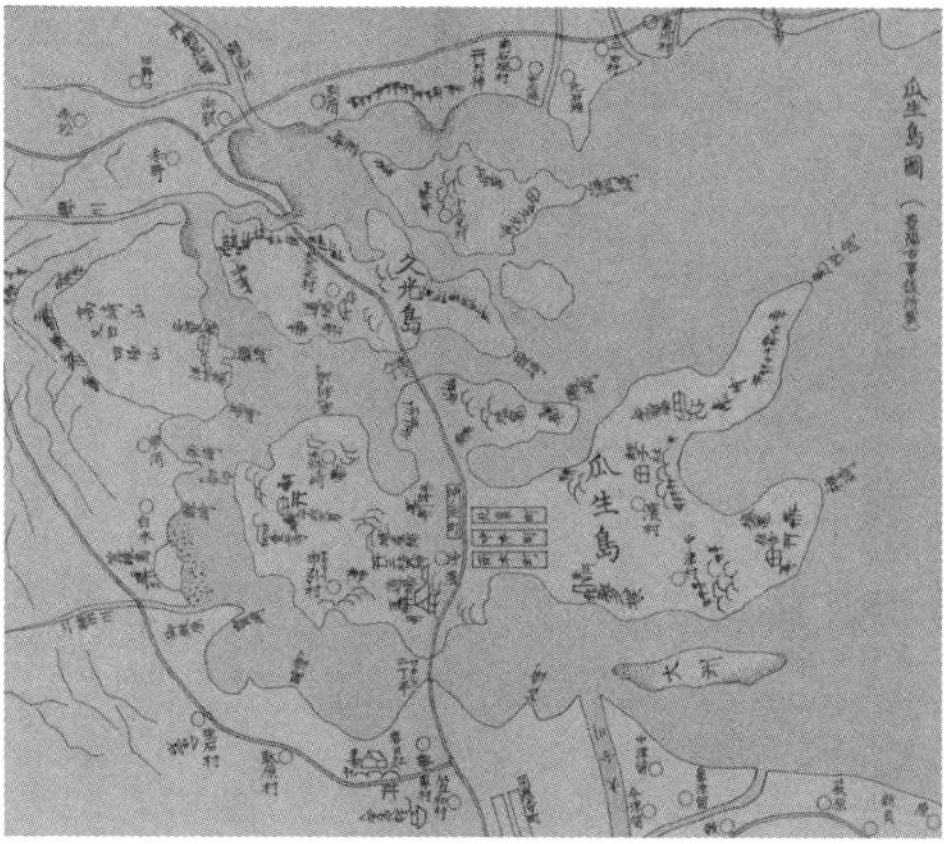

『豊陽古事談』（1857 年）の地図に描かれた
別府湾・瓜生島。今はその海中に !?

また、地震の大きさは相当だったようで、ほかの地域も調べてみると、九月一日（本震）と四日（余震）に鹿児島をはじめ、広島、愛媛、京都まで及んでいたようだ。

これだけの規模の地震であれば、震源の沖の浜が海中に沈んでしまうのも不思議ではない。では、それほどの震災に見舞われながら、なぜ、沖の浜の記録があまり残っていないのか。

実は地震のあと、大友氏が改易《かいえき》されたこともあり、沖の浜の存在自体が忘れ去られてしまったらしい。こうして、その地域に地震があったという事実だけがひとり歩きし、瓜生島の伝説が生まれたのではないかと推測されている。

3章

異世界からのメッセージ

——あの世とこの世をつなぐ扉はすぐそこに……

小野篁はどうやって
あの世とこの世を行き来したのか

その昔、あの世とこの世を自由に行き来していた人物がいたという。

その人物とは、平安時代の役人にして歌人でもある小野篁《おののたかむら》である。百人一首では「参議篁《さんぎたかむら》」として知られている。

六尺二寸（約一メートル八八センチ）という当時としてはかなりの長身で、文武両道に優れていた。また、天皇にもはばかることなく意見する物怖《ものお》じしない人柄だったようだ。

その篁にはもうひとつ、神通力《じんつうりき》ともいえる能力があったらしい。これについては次のような不思議な話が残っている。

当時、右大臣《うだいじん》だった藤原良相《よしみ》は、病で死去し冥界《めいかい》へと送られることになった。そこでは、まず閻魔《えんま》大王が生前の行ないを見定め、地獄行きか、極楽行きかの裁きを下すのだが、良相が閻魔大王の前へと引き出されたとき、その傍《かたわ》らに立つ人物を見て唖然《あぜん》とした。それは、朝廷でいつも顔を合わせていた小野篁だったからである。

まだ死んでいない篁が冥界にいるはずがない……。そう思っていると篁が、「藤原良相なる人物は、政治を支える高潔な方です。私に免じて生き返らせてください」と閻魔大王に申し出てくれたのである。

この進言によって息を吹き返すことになった良相が再び朝廷に出仕《しゅつし》すると、そこには何喰《なにく》わぬ顔で働く篁の姿があった。驚いた良相が、真実を確かめようと篁に近づくと「ご内密に」と耳打ちしてきたという——。

☆今も京都の街に残る冥界の入口

なんとも不思議な話だが、**小野篁は、この世とあの世を自由に行き来しながら、昼は朝廷で働き、夜は冥界で閻魔大王の裁きの手伝いをしていた**ことになる。

もともと神通力を持っていた彼は、地獄送りにされかけた母を救うため、自ら冥界に出向き閻魔大王に助けを求めたとされる。それをきっかけに閻魔大王の仕事を手伝

京都・六道珍皇寺に現存する井戸。ここから小野篁は冥界へ？

うようになったらしい。
では篁は、どのようにあの世とこの世を行き来していたのか。

篁が使っていたのは井戸である。井戸が冥界の入口となっており、篁は夜な夜な井戸を下って冥界へと赴《おもむ》き、朝になると再び別の井戸から地上（この世）に戻っていた。
実はその井戸は実在している。入口は京都東山にある六道珍皇寺《ろくどうちんのうじ》にある。本堂の奥の裏庭にひっそりと佇《たたず》む井戸があるのだが、篁はこの井戸を使っていたと伝わる。

なぜ、寺の井戸が冥界に通じていたのか。
当時このあたりは、遺体を風葬にしていた

鳥辺野《とりべの》に位置づけられていた。まわりには野ざらしの骸《むくろ》がいくつも転がっているありさまで、まさに生と死が混在する場所だった。つまり、あの世とこの世の境界にあったのが六道珍皇寺だった。

また、六道珍皇寺の名にもなっている六道とは、「地獄道」「餓鬼《がき》道」など人が死後に生まれ変わるとされた六つの冥界を指している。ここが冥界への入口と考えられていたとしても不思議ではないだろう。

現在、井戸の口に木のふたがされており、遠目には奥につながった冥界の様子を知ることはできない。

霊のお告げで造られた迷路屋敷・ウィンチェスターハウス

わずか一〇〇年前の話だ。アメリカ・カリフォルニア州のサンノゼには、なんとも奇天烈《きてれつ》な屋敷がある。内部は迷路のように複雑に入り組んでおり、人が住まうような間取りではない。むしろ、霊に呪われた屋敷とうわさされてきた。**二〇一八年には『ウィンチェスターハウス　アメリカで最も呪われた屋敷』というタイトルで映画化された**こともある。

この屋敷を建てたのは一九世紀のサラ・ウィンチェスターという女性だが、彼女がこの奇怪な家屋を建て始めた背景には理由があった。

サラの夫である実業家のウィリアム・ウィンチェスターは、銃の製造会社を経営しており、新型のウィンチェスター銃の製造で巨万の富を築いていた。しかし、娘を生後わずか九日で亡くし、のちに義父オリバーも亡くすと、夫もそのあとを追うように若くして病死してしまう。悲しみから立ち直れない彼女は、娘と夫に会うために死者とのコミュニケーションをはかる降霊会《こうれいかい》に通うようになる。ここで彼女は、ある霊媒《れいばい》師《し》からウィンチェスター家は呪われているという事実を告げられる。

「ウィンチェスター銃で命を落とした大勢の人々が、あなたたち一家を恨《うら》んでいます。彼らの霊を鎮《しず》めるために西海岸に家を建て続けなさい。それをやめた途端、あなたも呪いによる死が訪れるでしょう」

この言葉を信じたサラは、サンノゼに屋敷を建て始め、ひたすら増築に次ぐ増築を繰り返すことになったのである。ただ悪霊《あくりょう》から逃れるためだけに……。この屋敷は、いわば霊によって造られた屋敷だった。

☆「悪霊」と格闘し続けた人間

家がどんどん大きくなるにつれ、やがてサラにも霊の声が聞こえるようになった。

「屋敷の正面扉を一般客に使わせるな」という声を聞くと、サラは正面扉を決して誰にも使わせなかった。セオドア・ルーズベルト大統領がこの屋敷を訪問したときにも、相手が大統領とはいえ勝手口から入ってもらったという。

また、「人前では顔を隠せ」という言葉を聞くと、サラはいつもベールで顔を覆い、人前では素顔をさらさなかったとされる。まるで屋敷に宿った魂が、サラを自在に操《あやつ》っているかのようだった。

こうして延々と造り続けられた屋敷はつぎはぎだらけの迷路のようになり、最後には一六〇もの部屋ができあがった。それは間取りの地図なしには、先には進めないほどだった。しかも、ドアを開いても全面がふさがれている壁、天井が行く手を阻《はば》む階段、床にしつらえた窓など、怪奇な間取りがあちらこちらにあった。これらは悪霊の目から逃れようとしたサラの仕掛けだったともうわさされた。また、階段は一三段、シャンデリアの明かりも一三個など、西洋では不吉として忌《い》み嫌われた一三という数字が屋敷内に多く使われているのも、サラによる悪霊封じだったという。

不気味なこの屋敷は、悪霊に飲み込まれまいと格闘するサラの狂気が見て取れる。その格闘は約四〇年続いたが、一九二二年、八二歳でサラは生涯を終えたことで、ようやく屋敷に平穏が訪れることになった。

現在、ウィンチェスターハウスは大きくなることなくひっそりと佇んでおり、この屋敷をめぐるツアー客を受け入れている。

世界でもっとも有名な心霊写真
――レイナム・ホールの貴婦人

世の中には霊をとらえたという写真の数々が存在するが、中でももっとも有名な心霊写真として知られるのが、イギリスのレイナム・ホールという屋敷で撮られた「褐《かっ》色《しょく》の貴婦人」だろう。

この写真は一九三六年のある日、カメラマンとその助手が、「カントリー・ライフ」誌の企画でこの屋敷を訪れたときに撮ったものである。

この屋敷には以前から霊の目撃談があり、彼らは霊が出るとされる場所を写真に収めていた。

撮影場所を変えて、次の準備に入っていたそのときである――。

「何か降りてくる！」

助手が恐怖の叫び声をあげた。カメラマンが助手の見ている方向に顔を向けると、たしかに影のようなものが階段をゆっくり降りてきて、次第に女性の姿を帯びてくるではないか。

カメラマンは思わずカメラを構え、夢中でシャッターを切った……。

何を見たのか、本当に見たのか、それとも幻だったのか。

二人は興奮冷めやらぬままフィルムを現像してみると、そこにはぼんやりとではあるが、まぎれもなくフードらしきものをかぶった女性の姿が映し出されていた。階段にふわりと浮いているように見えるなんとも不思議な写真だった。

この写真が雑誌に掲載されると、世界中にセンセーションを巻き起こした。以前から霊のうわさはあったものの、それを初めて写真でとらえたのだから無理もない。

「世界一有名な心霊写真」として語り継がれることになったのである。

☆「ふわりと浮いている女性」は何を訴えたかったのか

この写真は茶色の服を着ているように見えたため「褐色の貴婦人」として知られるようになったが、そもそもこの女性は誰なのか。

一九世紀半ばに活躍したフレデリック・マリアットというイギリスの小説家が、こ

1936年に撮影されたイギリスの屋敷（レイナム・ホール）。
階段に写り込んだフードらしきものをかぶった女性は……

の屋敷に宿泊した際、女性の霊と遭遇し、手にしていた銃で発砲すると彼女は消えたという記録を、彼の友人である小説家チャールズ・ディケンズが書き残している。つまり、ずいぶん昔からこの屋敷では、女性の霊が出現していたことになる。

正体はこれまで数多くの目撃証言から、少しずつ明らかになってきている。

この屋敷に女性の肖像画が飾られているのだが、その女性と目撃される霊の容姿がよく似ているという。

その女性とは、かつてこの屋敷に住んでいたドロシーという女性だった。

ドロシーは一七世紀から一八世紀に政治家チャールズ・タウンゼンドの妻だったが、悲劇の最期を遂げたとされる。夫は気性が激しく夫婦仲は険悪だった。あるとき、彼女は夫に浮気がばれて屋敷内の一室に監禁され、そのまま外の光を見ることなく息絶《いきた》えたというのだ。その彼女の魂が霊となって、屋敷内をさまよっているのではないかと考えられた。

多くの人に目撃され、写真にも収められた「褐色の貴婦人」。恨みから夫を探しているのか、それとも不慮《ふりょ》の死による悲しみからなのか、写真に写りこんだ彼女は、この世に生きる我々に何かを訴えているように見える。

ロンドン塔を今もさまよう霊たち

イギリスの首都ロンドンを流れるテムズ川の北岸に建つロンドン塔は、世界遺産にも指定されている古城である。

一一世紀にイングランドを征服したウィリアム一世が築いた砦を起源とし、その後は歴代の王たちの居城《きよじょう》となってきた。今では王室の礼拝所となり、展示品などを目にできるイギリスを代表する観光名所である。

そのロンドン塔には、もうひとつの顔がある。

それは、霊が出没する心霊スポットでもあるということだ。しくしく泣く寝間着姿の男の子、広場に現われる白い服を着た女、自らの首を脇に抱えてさまよう女などの霊が有名である。

ロンドン塔が心霊スポットになっているのは、その昔、ここが王位争いに敗れた王侯貴族たちや反逆者とされた政治犯が、投獄され、拷問《ごうもん》を受け、果ては処刑された場所だったからにほかならない。

ロンドン塔では、白い寝間着を着た幼い男の子二人が寄り添い合って、しくしく泣く霊が出没する。ロンドン塔に幽閉され、いつしか姿を消した一二歳のエドワード五世とその弟で九歳のヨーク王子といわれている。

二人は政争に巻き込まれ、伯父《おじ》によってこのロンドン塔に幽閉された。しばらく塔内で遊ぶ姿が見られたが、やがて姿が見られなくなったという。一五世紀の当時、伯父によって殺されたのではないかと囁《ささや》かれていた。

幽閉から約二〇〇年後の一七世紀半ば、ロンドン塔の改修工事中に、この塔から子どもと思われる遺骨が発見された。鑑定では、この兄弟のものとまで断定できず、今なお、兄弟の消息は不明のままとされている。

しくしく泣く男の子の霊が、はたしてこの兄弟なのかははっきりしない。しかし、もしそうなら、この霊の出没は、真実を明らかにしてほしいと訴えているかのようだ。

白いドレスをまとった女性の霊のほうは、はっきりしている。彼女は一五五四年、一七歳で処刑されたジェーン・グレイである。ヘンリー七世のひ孫にあたる彼女は、ダドリー一族に担《かつ》がれてイングランド史上初の女王の座に就《つ》いた。

しかし、ダドリー一家が政争に敗れると、彼女も反逆者として捕らえられ、即位からわずか九日で廃位、七か月後に断頭台に送られた。このとき、白いドレスをまとった彼女は取り乱すことなく、静かに刑の執行を受け入れたと伝えられる。以降、処刑場となった広場に執行当時の姿で現われるようになったという。

☆愛され、捨てられた「首のない女性」の亡霊

ロンドン塔でいちばん知られているのは、首のない女性の霊だろう。これは、ヘンリー八世の二番目の王妃アン・ブーリンの霊とされる。

ヘンリー八世は、自分の意に従わない者は聖職者であろうと老婦人であろうと容赦《ようしゃ》なく処刑した。自分の妻も例外ではなく、六人の女性と結婚したが、そのうち二人は処刑に追い込んでいる。

気の毒だったのが二番目の王妃アン・ブーリンである。王はアンを寵愛《ちょうあい》して王妃にしたにもかかわらず、男子を産まなかったため、彼女に姦通罪《かんつうざい》の罪を着せた。アンは無実を訴えたが、ロンドン塔の広場で一五三六年に処刑された。

時を同じくして、ロンドン塔では首のない姿をした霊や、落ちた首を脇に抱えて歩く女性の霊がしばしば目撃されるようになったという。その霊を目の当たりにした目撃者は口をそろえて、アンの無念の表われだと言った。

今では観光名所のロンドン塔ではあるが、歴代の王に処刑されて恨みを残して死んでいった者たちがさまよう場所でもあったのだ。

次々不幸が押し寄せる「呪われたホープ・ダイヤ」

石や宝石には、不思議な力があると昔から信じられてきた。パワーストーンと呼ばれるように幸せを呼び込むものもあれば、不幸をもたらす存在もある。

呪われた宝石としてもっとも有名なのが、スミソニアン博物館にある「ホープ・ダイヤ」と呼ばれるブルーダイヤモンドであろう。四〇カラット以上の大きさがあり、青い輝きを放つこの奥には、魔性が宿っているらしい。実はこのダイヤモンド、持ち主を次々と不幸に陥《おとしい》れるといういわくつきの宝石だった。

ホープ・ダイヤの出自《しゅつじ》はインドである。発見された当時から、**まるで呪われているかのようにこのダイヤモンドの周囲では不幸がついて回った。**ダイヤモンドを最初に見つけた農夫をはじめ、それを奪い取ったペルシアの王も非業《ひごう》の死を遂げた。一度はインド寺院のラーマ神像の目として収められたことで、不幸の連鎖《れんさ》は落ち着きを取り戻し、いつしか忘れ去られた。

しかし、一七世紀になってフランスの宝石商が、ラーマ神像の目からこのダイヤモンドを盗み出したことで、呪いの連鎖がよみがえることになる。

☆あの宝石商ハリー・ウィンストンが行なったこと

世に放たれたホープ・ダイヤが、まず呪ったのは盗み出した宝石商とフランス王朝だった。

宝石商はロシアでオオカミに食い殺され、その後、ダイヤの持ち主になったフランス王室は、ルイ一六世と王妃マリー・アントワネットが処刑され、結果、王朝が滅びたのは歴史が示している。

王朝滅亡後、またダイヤは盗まれるが、その泥棒も精神を病《や》んで自殺に追い込まれたという。その後のダイヤの行方ははっきりしない。

次にダイヤが表舞台に姿を現わしたのは一九世紀。ロンドンで競売にかけられ、イギリスの銀行家ヘンリー・ホープの手に渡った。「ホープ・ダイヤ」と呼ばれたのはこれ以降のことである。しかし、ホープ（＝希望）という名とは裏腹に、彼にとっても不幸を呼ぶダイヤだった。なぜならホープは、のちに破産している。

その後、ホープ・ダイヤはロシアの王子（革命で落命）、オスマン帝国（滅亡）などを不幸に陥れ、最後の犠牲者・アメリカの大富豪マクリーン夫妻の手に渡った。夫妻は、怪奇小説さながらの呪いの伝説は聞き及んでいたが、それでもダイヤが放つ美しさに抗《あらが》えず買い求めた。念のため宝石を牧師に祝福してもらったが、呪いのパワーのほうが大きかったようだ。夫妻の幼い息子は事故死、夫は精神病を患《わずら》い亡くなった。娘も睡眠薬の過剰摂取で死亡してしまう。マクリーン夫人も相次ぐ家族の死で失意の中、娘の死の翌年に他界している。六〇歳だった。

世間はダイヤが一家全員を死に追い込んだとうわさして気味悪がり、もはや買い手がつかない状態だった。そこでアメリカの宝石商ハリー・ウィンストンが、この宝石を手にして全米の都市で約五年間慈善ショーを開いたのち、一九五八年にスミソニアン博物館に寄贈することにした。

以降、呪いは封印されたかのように不幸は起こっていない。

サラエボ事件からつづく呪われたオープンカー

一九一四年、ボスニア・ヘルツェゴビナの首都サラエボで、視察に訪れていたオーストリア・ハンガリー帝国の皇太子夫妻がオープンカーに乗ってパレードの最中、銃弾に倒れる事件が勃発《ぼっぱつ》した。第一次世界大戦のきっかけとなったサラエボ事件である。

実は、皇太子夫妻が巻き込まれたのは、このとき乗っていたオープンカーのせいかもしれない……。というのも**この車は人々に死をもたらす呪われたオープンカーだったから**である。

車が死をもたらすとはにわかに信じられないが、この後のオープンカーのおぞましい経歴を振り返れば、認めざるを得なくなるだろう。

サラエボ事件後、なぜかこの車は廃車とはならなかった。皇太子夫妻と同乗してい

1914年、オーストリア・ハンガリー帝国皇太子夫妻がおそわれたオープンカー。この車をわが物とした人は続々と……

たオーストリアの将軍が所有することになったのだ。しかし、将軍は間もなくして精神を病み、亡くなっている。

次に車を譲《ゆず》り受けた将軍の部下も、わずか一〇日余りで運転中に車が暴走し、二人をひき殺した上に、自分も衝突死している。

第一次世界大戦が収束後、この車を引き受けたのはこの地区の知事で、彼も四か月の間に四度も事故を起こし、右腕を失う羽目になった。

知事は廃車しようとしたが、知人の医師がこの車を譲り受けると申し出た。「自分は呪いなど信じない。偶然にすぎない」という思いがあったようだ。

だが、この医師も呪いには抗えなかった

らしい。運転中にハンドル操作を誤り、車は横転、その下敷きになって圧死している。しかもこのとき、車はわずかな傷しかつかなかったという。

☆カーレーサーも操れなかった車

以降も負《ふ》の連鎖は止まらない。この車に吸い寄せられた者たちが犠牲になった。次に手に渡った宝石商は一年後に自殺し、スイスのカーレーサーに渡ったときには、この車でレースに出場したところ、車から外へ放り出されて命を落としている。

その後、この車を手に入れたサラエボの農場主にも悲劇が待っていた。

ある朝、道の真ん中で車が動かなくなってしまった。困った農場主は通りかかった農夫に頼み、荷車に結びつけて牽引《けんいん》してもらったのだが、なぜか車が急に暴走して横転、農場主と農夫が犠牲となった。

そのあとにこの車を手に入れた自動車修理工場の社長は、友人四人を乗せて結婚式に行く途中、車を制御できず事故を起こして全員亡くなっている。

偶然というにはあまりにも頻繁に起きる事故は、何を暗示しているのだろうか。もはや車自身が意志を持ち、持ち主を呪っているとしか思えない。

実はこの車、廃車されることなく今も目にすることができる。といっても個人所有ではなく、オーストリア政府の費用で修復され、ウィーン軍事史博物館に展示されている。

歴史的事件をきっかけに殺人マシーンと化した呪われた車は、いつまた悲劇を起こすかもしれないという不気味さを漂わせている。

座った者はすぐに死に導かれる椅子「バズビー・ストゥープチェア」

イギリス北部にあるサースク博物館にバズビー・ストゥープチェアという椅子《いす》が展示されている。木製のクラシックな造りで、一見どこにでもある椅子だが、この椅子は天井に吊《つ》るされて展示されている。これは下から見上げるためというわけではない。不意に人が座らないように高い位置に設置しているのだという。なんとも奇妙な理由である……。

ことの始まりは一八世紀。居酒屋を営んでいたトーマス・バズビーは、妻を連れ戻しに来た彼女の父と口論となり、挙句《あげく》の果てに妻の父を殺害してしまう。一説には、この父がバズビー愛用の椅子に無造作に座ったことが発端だったともいわれる。

死刑を宣告されたバズビーは、処刑前に自分の居酒屋で食事をとることを願い出た。当時は最後の願いが許されたため、彼は店の中の愛用の椅子に座り、最期のときを静かに過ごそうとした。そして彼は何やら言葉をつぶやく。はっきり聞き取れなかったが、それは祈りのようにも呪文のようにも聞こえたという。そして彼は突然、こう叫んだのだ。

「この椅子に座った者には呪いが与えられる。私と同じ死の運命に」

★興味本位で座った人たちの末路

当初はバズビーの言葉など誰も信じるはずがなく、この椅子は店の経営者が変わってもそのまま店内に置かれた。逆に「死刑囚の有名な椅子」といううわさを聞いて、その椅子見たさに店を訪れる者が絶えなかった。

しかし、バズビーの言葉は現実となる。面白半分に椅子に座った者が次々と命を落としたのである。

この椅子に座った煙突掃除人は、すぐあとに首を吊っているし、酔ってふざけて座った兵士たちは戦地でみな戦死した。また、ある空軍パイロットは「呪いは信じない」と豪語して座ったのだが、その直後、交通事故で死亡している。

店のオーナーは、客の命を危険にさらすことはできないが、捨てるとその災いが自分に降りかかってくるかもしれないと思うと、無碍《むげ》にも扱えない。そこで店頭から撤《てっ》去《きょ》して、地下室にしまい込むことにした。

ところがである。地下室の修復で訪れたあるレンガ工が休憩がてらその椅子に座ってしまい、彼もやはり急死したという。結果、これまでこの椅子の犠牲者は、数十人にのぼったとされるが、はっきりしたことはわからない。

店のオーナーはますます怖くなり、サースク博物館に椅子の引き取りを頼むことにした。このときの条件が「誰も座らせないように」というものだった。こうしてバズビーの呪いを封じるべく、誰も座ることができない高い位置に吊るされるようになったというわけだ。この奇妙な展示がこの椅子の恐ろしい来歴を物語っている。

4章

見えない力《フォース》を感じる世界

——人間はただ操られているだけ!?

リンカーンとケネディの運命が重なるパラレルワールド

アメリカ第一六代大統領エイブラハム・リンカーンと第三五代大統領ジョン・F・ケネディ。どちらも国民に人気が高い大統領だったが、ともに銃弾を受けて暗殺されたという共通点がある。ところが、二人の共通点はそれだけではなかった。**奇妙に思えるほど、時を超えて二人の大統領は同じ運命をたどっていた**のだ。

まずは、人生の分岐点において一致が見られる。リンカーンが初めて議員として選出されたのは一八四六年で、その一四年後の一八六〇年に大統領に選出されている。それからちょうど一〇〇年後、ケネディは一九四六年に議員に選出され、大統領就任は、その一四年後の一九六〇年だった。つまり二人とも議会に登壇してから一四年後に大統領となっていた。

また、ともに黒人の市民権に尽力したことで知られ、国民の支持を集めて大統領になっているのだが、面白いことに、リンカーンにはケネディ、ケネディにはリンカーンという名の秘書がいたという。

さらに、二人の暗殺事件の状況もなぜか似通っていた。

事件が起こったのは四月と一一月と異なるが、どちらも金曜日。同じように後頭部を銃弾で撃たれ死亡し、このとき、同伴していた夫人はどちらも無事だった。

犯行後の犯人の行動もよく似ている。

リンカーンを撃った犯人は、劇場で大統領を暗殺して倉庫に逃げ込んだのに対し、ケネディの場合の犯人は倉庫から狙撃したのち、劇場に逃げ込んでいる。そして犯人は、どちらも第三者によって殺された点も同じである。

そして犯人の生まれ年が、一八三八年と一九三九年とおよそ一〇〇年違いという点である。リンカーンとケネディが一〇〇年の時を経て大統領に選出されたように、二人を殺した犯人もおよそ一〇〇年の時を経て生まれていたことになる。

さらに、二人の大統領の後継者にも奇妙な一致が見られる。

二人の死後、それぞれアンドリュー・ジョンソン、リンドン・B・ジョンソンという、姓がどちらも同じジョンソンという副大統領が大統領に就任している。しかも、この二人の生まれ年も一〇〇年違いだった。

偶然では片づけられない数々の一致。ケネディは、リンカーンのパラレルワールドを歩んでいたとしか思えない。

☆「モーツァルトの生まれ変わり」が歩んだ同じ人生

このように偉人の運命や奇妙な一致が見られる例は、ほかにもある。

たとえば音楽家のモーツァルトとアリアーガの二人だ。

スペインの音楽家アリアーガは、モーツァルトの生まれた一七五六年からちょうど半世紀後の一八〇六年に生まれている。しかも誕生日はモーツァルトと同じ一月二七日。

ここから彼は、まるでモーツァルトの生まれ変わりのような人生を歩むことになる。モーツァルトと同じく三歳で作曲を始め、同じ一三歳でオペラを作曲している。そしてパリに出て高い評価を得て、音楽家として成功を収めた点も似ている。

アリアーガは将来を嘱望《しょくぼう》されながら二〇歳で亡くなっている。モーツァルトが亡くなったのは三五歳なので、死亡した年齢こそ異なるが、世間から高い評価を得ながら早世《そうせい》した点は似ている。そのためか、アリアーガは「スペインのモーツァルト」とも呼ばれている。

一人ひとりの人生をひも解けば、同じ運命を歩んでいる人生がひょっとしてあるのかもしれない。我々が知らないパラレルワールドが存在していても不思議ではない。

ナポレオンとヒトラーをめぐる知られざる因縁

フランスの皇帝ナポレオンとドイツの独裁者ヒトラー。どちらも無名の存在から台頭し、国民の熱狂的な支持を集めて権力を握り、独裁者となった人物である。周辺国への侵攻を繰り返したあげく、戦いに敗れて権力の座を奪われた。

時代も国も違うナポレオンとヒトラーだが、意外な数字で結ばれていた。それは一二九。この数字を通して二人は目に見えない運命の糸で結ばれていたかのようだ。

それぞれが台頭するきっかけとなったフランス革命は一七八九年、ドイツ革命は一九一八年と一二九年の開きがある。

ナポレオンがクーデターで実権を握るのは一七九九年、その一二九年後の一九二八年、ヒトラー率いるナチス党が議会に登場する。

そして、ふたりが権力の座を得たのも一二九の数字がかかわっていた。

一八〇四年にナポレオンがフランス皇帝になり、その一二九年後の一九三三年にヒトラーがドイツ帝国の首相になっている。

このように表舞台に出るきっかけ、リーダー選出、権力掌握と、二人のターニングポイントは一二九年の開きでぴたりと一致している。

☆その絶頂も転落もすべて一二九年後

この後も一二九という数字はついてまわる。

ナポレオンのロシア侵攻は一八一二年、ヒトラーのソ連侵攻は一九四一年とこれも一二九年後のことである。そして、ナポレオンの敗北を決定づけた「ワーテルローの戦い」の一八一五年から一二九年後の一九四四年、「ノルマンディ上陸作戦」がヒトラーの敗北へのきっかけとなった。人生の転落までも、ヒトラーはナポレオンをなぞるかのように、ちょうど一二九年後に追っている。

偶然にしては、あまりにも奇妙な事実である。見えない力によって、一二九という数字が二人を結びつけていたとしても、なぜ一二九という数字なのか。この数字に何か意味があるのかは謎である。

タイタニック号の沈没を予言した小説・タイタン号

予知や予言といった類《たぐい》は昔からよく論じられてきたものだが、あのタイタニック号の沈没も予知されていたのではないかという話がある。

一九一二年四月一〇日、イギリスのサウサンプトン港からアメリカに向けて処女航海に出港したのち、四月一四日から一五日にかけて、大西洋上で氷山に衝突し沈没。一五一七人もの死者を出した海難事故である。

ところが、事故からほどなく、これが予知されていたという話が世間を駆《か》けめぐった。**その予言とは、事件から遡《さかのぼ》ること一四年前の一八九八年、作家のモーガン・ロバートソンが発表した小説『愚行』（一九一二年改訂『タイタンの遭難または、愚行』）である。**タイタニック号と船名がよく似ているばかりか、船のスペックも事故の状況もそっくりだった。

どちらも豪華客船で、タイタニック号は全長八八二・五フィート（約二七〇メートル）であるのに対し、タイタン号は八〇〇フィート、どちらも三つのスクリューを持っていた。排水トン数はタイタニック号が六万六〇〇〇トン、タイタン号が七万五〇〇〇トンである。設置されていた救命ボートの数は、タイタニックが二〇隻《せき》、タイタン号が二四隻と似ていた。

タイタン号の遭難の状況も類似していた。タイタン号もサウサンプトン港を四月に出港し、アメリカに向かうという内容だった。しかも、このときが処女航海。そして、大西洋の北方航路で氷山に衝突して遭難する。「絶対沈まない船」といわれていたため、救命ボートが足りず、多くの犠牲者を出してしまう展開まで同じである。

この内容は、まるでタイタニックの事件を見てきたかのようだった。事故が起きたあとに、それをモチーフにした小説といっても不思議ではない。

しかし、実際は、小説のほうが一四年も前である。そのため、小説が事故を予知していたとして世間のうわさになったのである。

無論、これには反論もあった。豪華客船としてのスペックが似通うのは当たり前であり、氷山の衝突事故は当時多かったもので、偶然の一致にすぎないというわけだ。

しかし、ここまで一致するのはあり得ないという意見もあり、超心理の研究者たちは、人の無意識が投影され、それが予知となって意識下に現われたのではないかと主張した。ロバートソンも、自分自身も気づかない何かを感じ取っていたのかもしれない。

☆その小説の作者が乗り込んだ船

実はもうひとつ、予知をしたかのような小説がある。タイタン号よりさらに前の一八九二年、W・T・ステッドというジャーナリストが、ロンドンの「レビュー・オブ・レビューズ」誌に海難事故の記事の中で短編小説を発表していた。

その小説もタイタニック号の事故と同じように、氷山に衝突し沈没。救命ボートが足りずに犠牲者が出たという内容だった。

驚くのは、ステッドはこの執筆から二〇年後、実際にタイタニック号に乗船し、犠牲者のひとりとなったことである。まるで自分の人生の結末を知っていたかのようだ。彼もまた遭難を予知していたひとりだったのかもしれない。

ジョージア・ガイドストーンは終末期の予言なのか？

人類滅亡、すなわち人類の終末期の予言といえば、一九九九年の「ノストラダムスの予言」や、二〇一二年の「マヤ暦の予言」などが記憶に新しい。ホラ話だと思いながらも、心のどこかで気にしていた人もいたにちがいない。

これもまた、**人類の終末を予言しているのではないかと注目を集めていたのが、アメリカのジョージア州にあったモニュメント「ジョージア・ガイドストーン」**である。中央に立つ石板を囲むように四枚の石板が配され、それらの上に一枚の石板が乗せられている。それぞれの石板の高さは約六メートルと巨大で、総重量は約一一〇トンにも及ぶ、なんとも不思議なモニュメントである。

いったい何のためのモニュメントなのかも不明なのだが、これが立てられた経緯もまた奇妙なのである。

あるとき、建設会社にひとりの白髪の紳士が訪れ、詳細な指示書を出してこのモニュメントを造ってほしいと依頼した。

巨大な石板に文字を刻み、それを積み木のように組み合わせたモニュメントである。紳士はロバート・C・クリスチャンと名乗るが、これは偽名で本名も正体も明かせないと告げた。

建設会社の社長はこの不可解な依頼を一度保留にしたが、この紳士がこのモニュメントを造るだけの資金を持っていることがはっきりしたため、引き受けたのだという。

建設依頼の経緯も奇妙だが、その石板に刻むよう指示された内容もまた変わっていた。それは「10の戒《いまし》め」ともいうべきものだった。

① 人類は五億人以下を維持すること
② 適性と多様性の向上をはかり、知性的に導くこと
③ 新しい言葉で人類を束《たば》ねること
④ 情熱、信頼、伝統、そして万物を理性で統率すること
⑤ 公平な法律と公正な法廷で、人々を保護すること

突如出現したジョージア・ガイドストーン（アメリカ・ジョージア州）。石板に刻まれた文字が予言する人類の未来とは!?

⑥　すべての国家は自分で統治し、外部との争いは世界法廷に委《ゆだ》ねること
⑦　無意味な法律やムダな役人は排除すること
⑧　個人的な権利と社会的な義務の平衡《へいこう》をはかること
⑨　真・美・愛と無限の調和を求め、それを讃えること
⑩　自然のための余地を残すこと

文字は英語、スペイン語、ロシア語、アラビア語、ヘブライ語、中国語、ヒンディー語、スワヒリ語が四枚の石板表裏にそれぞれ一言語ずつ刻まれた。

上に乗せられた石板には、エジプトの象形文字、古代ギリシャ語、サンスクリット語、古代バビロニアの楔形《くさびがた》の文字という四つの古代の言語で、「これを理性の時代へ誘う案内役としよう」と書かれていた。

☆「人類は五億人以下に」が示すもの

一見すると、これらの内容は混沌《こんとん》としている今の世界への提言にも取れるのだが、何より意味深なのは、「人類は五億人以下に」という文言である。

世界の人口が八〇億人以上いる現在、五億人以下が望ましいというのは、かなりの乖離《かいり》がある。これを実現させるには、ほとんどを消し去る必要がある。そこに人類に起こるかもしれない天変地異を予言させる。

そもそも制作者もその意図もまったくわからない点が不気味である。また、制作の経緯や事業規模からして、単に個人の思いつきではなさそうだ。背後にある組織が存在し、人類の多くを排除する終末を暗示しているのではないか……。

突如出現したジョージア・ガイドストーンは、そんな不安を抱かせる存在だったが、二〇二二年にその一部が何者かに爆破され、安全のために取り壊されている。

気づかないうちに支配されている？ フリーメイソンの影

世界最大の秘密結社ともいわれてきたのがフリーメイソンである。多くの著名人が会員だったことでも知られている。自由、平等、博愛、寛容、人道を旨《むね》とし、人類と社会の完成を目指す友愛団体である。現在は世界各地に六〇〇万人の会員がいるとされる。

ただし、フリーメイソンが具体的にどのような結社なのかよくわからないのが、本当のところだろう。伝聞《でんぶん》ではさまざまな秘儀が行なわれてきたとされるものの、その内実は明らかにされず、実態はつまびらかになっていない。

会員だった音楽家のモーツァルトは、オペラ『魔笛《まてき》』を完成させると、ほどなくして謎の発熱と発疹《ほっしん》で亡くなっているが、実は『魔笛』の中に、その秘儀を暴露した部分があり、フリーメイソンの手によって消されたといううわさまである。

会員は著名人も多い上に、その秘密主義から得体の知れない結社と思われることも多く、**フリーメイソンこそが世界を牛耳《ぎゅうじ》ってきたのではないかともいわれてきた。**フランス革命時もフリーメイソンの会員が多く携わっていたのは事実であり、フリーメイソンの陰謀が、この革命を引き起こしたと考える人もいる。

歴史をも動かすフリーメイソンの正体とは、何なのか。

☆この世のすべてを見通す「目」

実はアメリカ建国にもフリーメイソンが深くかかわっていたといわれている。フリーメイソンが世界を主導するために、アメリカを建国したというのだ。

たしかに、アメリカ建国とフリーメイソンの間に深い結びつきがあったのは事実である。一七七六年に行なわれた独立宣言の署名にサインした五六人のうち五三人がフリーメイソンの会員だったとされる。初代大統領ワシントン、独立宣言を起草したフランクリンも会員だった。これではフリーメイソンが、自分たちの国を建国したと考えられなくもない。

アメリカとフリーメイソンの結びつきの深さは、一ドル札にも見て取れる。一ドル札に肖像画が描かれている人物は、初代大統領のワシントンで、フリーメイソンの会員であったことは前述した通りである。一方の裏面にはピラミッドの絵が描かれているが、その段数は一三段あり、これはアメリカ建国時の州の数を表わしている。その頂点にはすべてを見通すとされる「プロビデンスの目」が輝いている。これは、フリーメイソンのシンボルでもあり、フリーメイソンがアメリカ一三州を支配する意志を示したものと考えられた。

両者のかかわりは一ドル札だけではない。首都ワシントンのホワイトハウス、議事堂、ワシントン記念塔の三つの建物はフリーメイソンによって築かれたものだという。また、ニューヨークにある自由の女神も、フランスのフリーメイソンがアメリカの同胞に建国を記念して贈ったものだったという説もある。このように、アメリカ建国とフリーメイソンは密接に結びついていたことを想起させるのだ。

実際、フリーメイソン会員が世界の要職についているのも事実で、今の世界を主導するアメリカの背後に、つねにフリーメイソンの存在があったとしても不思議ではなさそうである。

ドイツ軍からイギリス軍を救った奇跡「モンスの天使」

戦場で窮地《きゅうち》に追い込まれたとき、誰しも援軍を願わずにはいられない。数ある戦史において驚くべき援軍が来たという例が存在する。それは、ヨーロッパの緊張が引き起こした第一次世界大戦の出来事である。

一九一四年八月二三日、イギリスとフランス連合軍はベルギーのモンスの地でドイツ軍の総攻撃を受け、大型大砲などの圧倒的な火力の前に全滅寸前にまで追い込まれていた。連合軍の兵たちがもはやこれまでか、と覚悟したときのことだった。

突然、中世の騎士のような甲冑《かっちゅう》をまとった兵士の一団が現われ、ドイツ兵に一斉に弓を射《い》かけたのである。それは光の中に浮かぶ天使のように見えたという。ドイツ軍は見慣れない兵士たちの登場にあわてふためき混乱した。その隙《すき》に連合軍は退却に成功したというのだ。

無事帰国した兵たちの口から、この奇跡のような出来事が「モンスの天使」としてヨーロッパ中に広まることとなった。

ところが、しばらくしてこの兵士たちの体験談はフィクションだと指摘する声があがる。一九一四年九月に発表された作家のアーサー・マッケンの小説『弓兵《きゅうへい》』とよく似ていたのがその理由である。この小説が広まるのに合わせて、これをモトネタにしたフィクションが広められたのではないかと疑われたのだ。

しかし、創作では片づけられない証言が次々と出てきたのである。

兵士の看護にあたっていたフィリス・キャンベルという看護師も、兵たちからモンスの天使の話の目撃談を何度も聞いたと証言している。

一九一五年八月二四日の「デイリー・メール」紙には、体験者が実名で登場。ロバート・クリーヴァー一等兵が、「光のような天使が現われ、その光にドイツ兵はひるんだ」と体験談を語った。

なによりイギリス軍の旅団長ジョン・チャタリスが、一九一四年の九月五日、マッケンの小説が世に出る前に、この「モンスの奇跡」について手紙に書き残している。

小説がモトネタでないことは明らかだった。これはどう説明すればいいのだろうか。

☆「映像トリック」説の真偽

真実か創作か意見が分かれる中、十数年経って、敵側のドイツ側から意外な情報が飛び出した。ドイツの帝国情報部元職員のフリードリヒ・ヘルツェンヴェルト大佐の話として、ドイツ兵もモンスの天使の援軍を見たという。

ただし、この話には続きがあり、これはイギリス軍が、白い雲に浮かぶ映像トリックを使ったかく乱作戦だったのではないかとしている。もちろんイギリス上層部はそれを知っていたが、兵士の士気を高めるために自軍にも真実を明かさず、奇跡の出来事としたというのである。

とはいえ、映像トリックという大がかりな仕掛けを用意するくらいなら、ふつうに援軍を送るほうが自然であり、わざわざ映像トリックまで使う必然性に疑問符がつく。このドイツ側の話もにわかには信じがたい。

では、多くの兵士が目にしたモンスの天使とは何だったのか。本当のところは謎のままである。

日本にもあった！大地のエネルギーの道をおしえる「レイ・ライン」

世界各地には古代遺跡がいくつも点在するが、実はこれらの遺跡周辺は聖なるパワーに満ちているといわれてきた。

そのひとつが、遺跡を直線上に結んだときに見えるレイ・ラインである。

これはイギリスのアマチュア考古学者アルフレッド・ワトキンスが提唱し始めた。

彼はイギリス西部のヘレフォードの近くにある小高い丘から田園地帯を見下ろしたとき、古い聖地や遺跡、塚などが、直線で結べることに気づいた。その地名にＬＥＹという場所が多かったことから「レイ・ライン」と名づけた。

このレイ・ラインはここだけに見られる法則ではなかった。その後、調べてみると世界各地の聖地や遺跡を中心に、いくつものレイ・ラインが存在していることがわかったのだ。

どんな意味があるのか、何を暗示しているのかと、多くの研究家がレイ・ラインの調査に乗り出したところ、その正体が、おぼろげながら見えてきたという。

一説によれば、それは大地を流れるエネルギーの通り道ではないかという。人体でいえば、気が出るツボがあり、そのツボとツボを結び、生命のエネルギーの通り道となる経絡《けいらく》がある。これと同じように、地球上にもエネルギーが出る場所があり、それをつなぐ大地のエネルギーの通り道が存在する。それがレイ・ラインだというわけだ。

では、なぜ遺跡群は、レイ・ラインに沿うようにして建てられていたのか。

これは偶然ではなく、古代の人々は、地球のエネルギーの通り道を感じ取って、国や街の繁栄を願い、エネルギーが高い場所に祭壇や建物を配したのではないかとされる。

つまり、レイ・ラインは、古代人が意図的にパワーのある場所に聖地を配する道しるべだったと解釈できる。

☆富士・竹生島・出雲……一直線に並ぶパワー・スポット

このレイ・ラインは、日本にもいくつかある。

有名なものは、千葉県の玉前《たまさき》神社から島根の出雲大社を結ぶご来光《らいこう》の道である。玉前神社の鳥居を真正面から照らす春分・秋分の日の太陽の光を線で西へと延ばすと、その直線上には富士山の頂《いただき》にぶつかる。

さらに山梨県の霊山《れいざん》・七面山《しちめんさん》や琵琶湖に浮かぶ竹生島《ちくぶしま》、鳥取県の大神山《おおがみやま》神社が並ぶ。最後、その延長上には神々が集まるとされる島根県の出雲大社があるのだ。

これだけのパワースポットや聖地が、目に見えない線で結ばれているのは、偶然だけでは説明できないだろう。古代人は、富士山や竹生島などのエネルギーを感じ取りながら、意図的に配置したと考えられなくもないのである。

5章

迷宮入りした世界の怪事件

――闇の底に封印した驚くべき真相とは

ついにＣＩＡが認めたエリア51の存在

アメリカ・ネバダ州のネバダ砂漠に、長年ミステリーとされてきた施設がある。それが「エリア51」だ。三万七〇〇〇ヘクタールの敷地内には、七本の滑走路、巨大な航空機格納庫などの施設があり、最先端の研究開発と実験場を有している。

なぜミステリーだったかといえば、アメリカ政府が、その存在自体を隠し続けてきた場所だからだ。人が立ち寄らないような砂漠の真ん中に造られた施設で、周辺は厳しく警備が敷《し》かれ、もちろん近づくことも許されなかった。そのため、**このエリア51で、公にできない秘密裏の研究や実験が行なわれてきたのではないか**とうわさされたのである。

そのひとつが宇宙人とＵＦＯの研究である。特に一九四七年、ニューメキシコ州のロズウェルに墜落した宇宙船の残骸と宇宙人が、このエリア51に運び込まれたという

CIA が認めた「エリア 51」の衛星写真。
ここで UFO 研究が進んでいるとされる

（ロズウェル事件）。一九五〇年代、このあたりでＵＦＯらしきものを見たという目撃情報が相次いだことも、この話に信ぴょう性を持たせることとなった。

それでもアメリカ政府は、エリア51なる施設は存在しないと言い張り続けた。

ところが、二〇一三年、アメリカ中央情報局（ＣＩＡ）が、エリア51の存在を認めたことで世間は沸き上がる。公文書請求により、ほぼ検閲のない形で書類が公開されたのだ。それによれば、一九五四年から約二〇年間、この施設で行なわれたＵ２偵察《ていさつ》機《き》の活動が記されていた。つまり、偵察機の実験場として使われていたというのである。

報告では宇宙人について触れてはいないものの、高度な上空（成層圏）を飛ぶＵ２偵察機がＵＦＯという副産物を生んだのではないかと釈明している。たしかに、今までにない位置で飛ぶ物体に出くわしたなら、ＵＦＯと勘違いした可能性は否定できないだろう。

☆証言「一八人の宇宙人が働いていた」

とはいえ、以降も軍事施設というのは表向きの説明で、その裏ではＵＦＯ研究が続いているという疑いは消えなかった。かたくなに存在自体を政府が否定してきた経緯を考えれば、無理もない。そして再び、その疑いが現実味を帯びている。二〇一四年、著名な航空宇宙科学者ボイド・ブッシュマンが、かつてエリア51においてUFO開発に携わっていたことを告白した。

ブッシュマンによれば、エリア51には少なくとも一八人の宇宙人が地球人とともに働き、地球のUFO開発を進めているという。宇宙人は六八光年離れた惑星からUFOで四五分ほどで到着。また、彼らの寿命が二三〇歳であることなど、詳細な事実を次々と明らかにした。おまけに、宇宙人とおぼしき写真まで公開して世間を驚愕《きょうがく》させたのである。

その告白直後の二〇一四年の八月七日、彼は七八歳で亡くなった。もともと死期が近いことを悟り、この事実を隠しておくわけにはいかないと告白に踏み切ったとされる。しかし、死亡が告白直後のタイミングだっただけに、秘密を暴露したために政府に消されたのではないかという疑惑も生んだ。

ブッシュマンの告白ははたして真実だったのか。エリア51では本当はどんな研究がなされていたのか。UFOファンならずとも誰もが興味を持つ場所であることには変わりない。

一四四件の目撃情報を分析した米・国防総省と未確認飛行物体

二〇二三年二月、アメリカが自国に飛来した気球とおぼしき飛行体を戦闘機で撃墜し、世界に衝撃を与えた。アメリカは中国による偵察用と断定。中国の反発を招いた。同じような飛行物体は日本でも確認されており、ここにきて未確認の飛行物体が注目を集めている。

ただ、得体の知れない飛行物体の飛来は、今に始まったことではない。

たとえば、アメリカのＵＦＯ団体の調査によると、二〇二〇年だけで約七二〇〇件近くの目撃情報が寄せられており、日常的に謎の飛行物体が飛んでいるのではないかとさえ思わせる。もちろん、正体については長年ミステリーだったが、その正体が明らかになるのではと期待が高まっている。

なぜなら、謎の飛行物体について、アメリカ政府が強い関心を示し、本格的な調査に乗り出したからである。

前項でも登場したロズウェル事件に代表されるように、アメリカは、UFOの実態をつかみながらも、それを世間に隠しているのではないかとうわささされてきた。UFOの実態解明に動き出したのは、このようなうわさを払拭《ふっしょく》する狙《ねら》いもあるようだ。

こうした流れに呼応するかのように、アメリカ国防総省は、二〇〇四年と二〇一五年に海軍が撮影した正体不明の飛行物体の映像を公開。これには空中で回転する飛行物体が映っており、その正体は今もって謎である。

☆公式文書が問いかける四つ目の仮説

さらに、**二〇二一年の六月には、アメリカの国家情報長官室が未確認飛行物体に関する報告書を公開した。**二〇〇四年以降に撮影した一四四件の正体不明の飛行物体の映像を分析している。気球と判明した一件を除き、正体を特定できず不明としている。

その上で、それらの正体についておもに四つの仮説を指摘している。

一つ目は「中国やロシアなどの外国由来」説で、秘密裏にアメリカに侵入したもの。

二つ目は「鳥や気球、ドローン」説で、パイロットが見間違えただけというもの。

三つ目は「氷の結晶などの自然現象」説で、レーダーが誤って認識した可能性があるもの。

そして四つ目が「その他」で、これが注目に値する。

これは「一〜三に当てはまらないもの」として、具体的には記載されず、「分析には科学の進歩が必要」とだけ記されている。いわゆるＵＦＯの可能性については触れていないが、明確に否定もしていない。

つまり、アメリカ政府も地球外の何か、宇宙からの飛来の可能性を疑っているが、今の技術では解明できないというわけだ。

国防総省の本気度は高く、飛行物体の特定を正式任務に位置づける計画策定にも取りかかっている。どんな事実が明らかにされるのか、ＵＦＯファンのみならず、世界が固唾《かたず》をのんで見守っている。

福島・千貫森とUFOの調査研究所

アメリカが本格的に調査に乗り出すなど、UFOへの関心が高まる中、日本でもその正体を探ろうとする動きが活発化している。

その先進地域として注目されているのが、福島市飯野町《いいのまち》である。市中心部から車で三〇分ほどの位置にある**千貫森《せんがんもり》という山は、古代山岳信仰の場だったともいわれており、その付近では、昔からUFOの目撃情報が多く報告されてきた。**

そのため、約三〇年前に山の中腹には、UFOの関連資料を展示する「UFOふれあい館」を設けてきた町である。

その飯野町に二〇二一年、「国際未確認飛行物体研究所」がオープンした。なんと、国内初のUFOを専門に取り扱う研究所である。国内外から会員を募《つの》り、世界各地から目撃情報を集めて分析し、「遭遇」に向けた調査研究を進めるという。研究所はU

FOふれあい館内に設けられ、所長には、日本のオカルト界を牽引してきた雑誌、月刊「ムー」編集長が就任した。UFOの研究所らしく、一九四七年にアメリカ人が空飛ぶ円盤を目撃した「UFOの日」である六月二四日に開所している。

☆目撃情報と撮影された写真

日本でもUFOに感心を寄せる人が多く、研究所には多くの目撃情報が寄せられたという。そして、開所してから一年後の二〇二二年に同研究所が調査結果を発表した。

では、その内容はどうだったのか。

寄せられた目撃情報四五二件のうち、一二五件の写真、二四件の動画はUFOの可能性が高いと見られるという。これらについてはさらに調査を重ね、地球上の飛行物体や自然現象などあらゆる可能性を探り、同時に画像解析ソフトを使って人工的な加工がなされていないか調査。その結果、UFOの可能性が高いとする写真・動画四点を公開した。

この四点の中のひとつは、二〇二一年八月に千貫森の山頂付近から撮影されたもので、円形の物体が飛ぶ姿がとらえられている。

二〇一八年九月に富山県の立山連峰《たてやまれんぽう》で撮影されたものは、上空に黒っぽい楕円形《だえんけい》をした物体が飛ぶ姿が写し出されている。これは、連続して撮られた写真の中で一枚だけに写っており、鳥ではなくUFOの可能性が高いと研究所の所長は指摘している。UFOの情報が続々と集まっている同研究所。UFOの正体が、日本から解き明かされる日も近いかもしれない。

謎の自然発火で足を残して焼き尽くされたリーサー夫人

人体が自然に発火する——。

火の気のないところで突然、人の体が燃え出し、その多くは、その人を焼き尽くし死に追いやる現象である。

なんとも不可解な話だが、一説によれば、二〇世紀中に二〇〇〇件もの人体発火が報告されている。

たとえば、一九五一年のアメリカ・フロリダ州でのメアリー・リーサー夫人の例を見てみよう。

リーサー夫人が部屋の中で、アームチェアに座ってくつろいでいたときのこと。**突然、夫人の体が燃え出し、体の原型をとどめないほど焼き尽くされた。残ったのは、縮み上がった頭と背骨、左足だけだった。**炎や煙を見た者はいなかったという。

不可解なことに、夫人が座っていた椅子やカーペット、まわりの家具への延焼がなかった。夫人が激しく燃えたにもかかわらず、まわりが無傷というのは、常識では考えられない。まるで火が、意志を持って夫人だけを焼き尽くしたかのような光景だった。

☆二〇世紀の半ばになぜこんなことが

ほかの事例では、家族と一緒にボートに乗っていた女性が、突然炎に包まれて焼死したが、一緒に居合わせた家族は無事だったという報告がある。

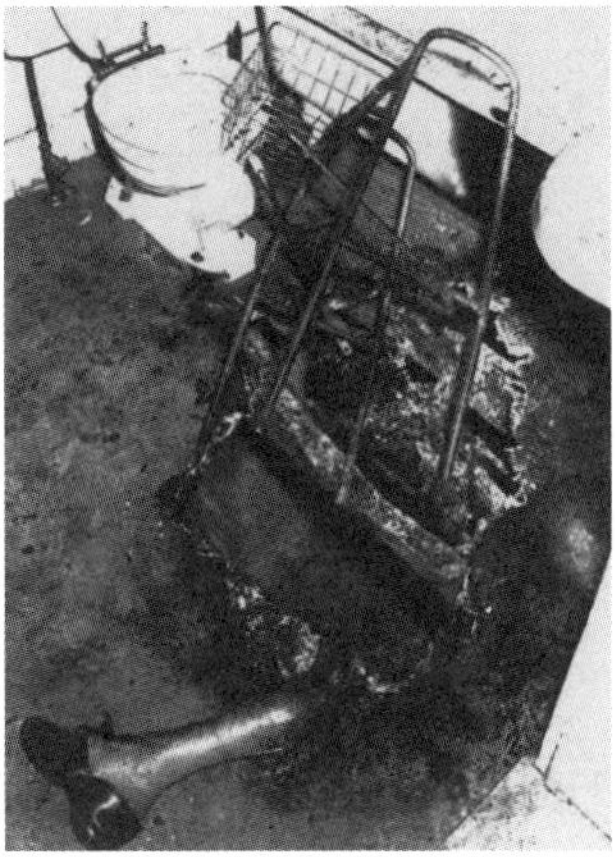

「人体の自然発火」によって足だけが残った現場写真

また、ダンスのレッスン中に体が突然燃え上がったものの一命をとりとめた若い女性の例もある。

人体発火の共通点は、出火元がはっきりしないこと、人を焼き尽くすほどの火であるにもかかわらず、まわりには燃え移らないことである。

これらの事件の多くは、原因不明の事故死として扱われたが、科学的アプローチから原因を解明しようとする研究者もいた。

アメリカの医師メイン・R・コーは「高電圧」が原因ではないかと主張した。コーが高地で体に高電圧をかける実験を行なったところ、電気火花が飛び散ったという。高電圧で人体発火が起こることを立証して見せたのだ。しかし、被害に遭った人すべてが高地にいたわけではないし、日常生活において高電圧を受ける環境にいたわけではないので、人体発火の原因とはいえないという指摘もある。

ほかにも、神経の影響で体内に大きな電荷《でんか》を蓄えた説、大地の磁場の変化が原因とする説などが取りざたされた。しかし、たとえ電荷や磁場が存在したとしても、人体を焼き尽くすだけのエネルギーが発生するだろうか。このほかにも、燃えやすいガスが体内に異常発生したという説もあるが、いったいそれがどのようなガスなのかは不明である。

そもそも、なぜ人体だけが焼失し、まわりに影響がないのかがわからない。私たちのまだ知らないエネルギーが、人の体に火をつけている、そう考えずにはいられない。

全乗組員が忽然と消えたメアリー・セレスト号の怪

メアリー・セレスト号といえば、今もって解けない怪事件として知られている。事件は一八七二年一二月五日、北大西洋で不思議な動きをしていたメアリー・セレスト号が、デイ・グラシア号によって発見されたことに始まる。不審に思った船員らが乗り移ってみると、船内には海水が少し入り込んで、衣類や身の回りの品々、食料や水はそのまま置かれているにもかかわらず、誰も人が乗っていない無人船だった。航海日誌は一一月二五日を最後に何も記されておらず、数日間は無人のまま漂流していたらしい。

詳しく調べると、食料や手荷物、積み荷がそのまま残っており、船体にも大きな異常は認められなかった。ただ、ハッチが開いて、積み荷のアルコールの樽《たる》からひとつだけ中身がこぼれ出し、携帯しているはずの救命ボートがなくなっていた。

このことから、乗船していた船長と七人の船員、船長の妻と二歳になる娘の一〇名は、何か不測の事態が発生したことで、救命ボートに乗り移ったのではないかと考えられた。しかし、シケによる船体の影響や、部外者からの襲撃といった緊急事態が発生した痕跡は見られなかった。にもかかわらず、食料や水を持ち出さずに逃げ出したという点は不可解だった。

アルコールを積んでニューヨークからイタリアへと向かう途中、船はそのままで中の人だけが忽然《こつぜん》と姿を消した事件として世間の話題をさらった。メアリー・セレスト号は海難事故を装った詐欺《さぎ》ではないかと疑われ、海事法廷に持ち込まれて調査も行なわれた。

☆無人で残された「呪われた船」の末路

しかし海事法廷でも原因がわからず、謎が謎を呼び、さまざまな説が唱えられることとなった。

当初は、船員が反乱を起こして殴り合いとなり、残った者が逃げ出した、あるいは海難救助金目当てに船長がみな殺しにして救命ボートに乗って逃げ出したといううわさも出たが、もとより激しく争った跡が船内にはなかった。

そのほかにも、全員が食中毒にかかって幻覚を見て脱出しようとした、金塊を積んだ船を見つけ、乗り移って姿をくらました、果ては、巨大なイカが全員を吸い込んだという奇説・珍説までも飛び出した。

そして現在、考えられる説として持ち上がっているのが、積み荷のアルコール樽説である。最後に日記が書かれた前日の二四日夜にはスコールが降り、翌朝にはやんでいた。スコールの揺《ゆ》れや温度差で樽の中でアルコールが充満して爆発し、ハッチを壊した。

アルコールを運ぶ仕事が初めてだった船長は、これに驚いて船員らをとりあえず救命ボートに移るよう命じた。ところが、あわてていたのか、船とボートをしっかりつながなかったため、ボートが船から離され、自力で戻ることができなくなった。こうして一〇人は海の藻屑《もくず》と消えたのではないか……という見立てである。

つまり、一時避難のつもりで何も持たず救命ボートに乗り移って、そのまま遭難してしまったというわけだ。

もともと、メアリー・セレスト号は、一八六一年に建造された船でアマゾン号と名乗っていた。ところが、事故が相次ぎ、大規模な修理をしてメアリー・セレスト号と名前を変えていたというういわくつきの船である。

この事件のあとのメアリー・セレスト号は、何度も所有者の間を転々として航海に出たが、かかわった者は気を病んだり、事故に遭ったりするとして、呪われた船というレッテルを貼られていたようだ。最後は西インド諸島で座礁《ざしょう》し、そのまま放置されて朽《く》ちたという。

グリム童話『ハーメルンの笛吹き男』と集団失踪事件

『グリム童話』にある「ハーメルンの笛吹き男」という奇妙な話をご存じだろうか。

ドイツ・ハーメルンの住民は、ネズミの被害に悩まされていた。そんなとき、ひとりの男がやってきて、ネズミ退治を申し出る。住民は喜んで、その男に報酬を渡すのでネズミ退治してほしいと依頼する。

男が笛を吹き始めると、音色に誘われたネズミが各家から這《は》い出てきて、自ら川に飛び込んで溺《おぼ》れ死んだ。こうしてハーメルンの町からネズミは一掃されたのだ。

ところが、お金が惜《お》しくなった住民は、男に約束の報酬を払わなかった。すると再びやってきた男が笛を吹き始めると、今度は、町の子どもたちが次々と男のあとについていき丘の彼方へと消えた。子どもたちは二度と戻ることはなかった――。

最後は、子どもの集団失踪《しっそう》で終わるという不気味な話だが、この話、ただの作り話ではなく、史実だったかもしれないと聞けば驚くだろう。

実は、一二八四年六月二六日にハーメルンの町で一三〇人の子どもが姿を消したという記録が残されている。ところが、日付や数字がはっきりと残っているにもかかわらず、子どもたちがいなくなった理由が記されていないのだ。

なぜ、一三〇人もの子どもがいなくなったのか、まったくの謎なのである。

☆それは「死神」か「ロカトール」か

一〇〇人以上もの子どもが突然いなくなるとは、なんとも不可解である。ヨーロッパでは早くからこの事件に対して、謎解きが試みられてきた。

たとえば、子どもたちが一斉に少年十字軍へ参加した説や、子どもたちが舞踏病《ぶとうびょう》にかかり、踊りながら姿を消した説、兵士に連れていかれた説などである。

中でも有力視されているのがペストによる集団死と東方移住説である。

ヨーロッパでは一四世紀、ペストが流行し、多くの人々が亡くなっている。半分以上の人口が亡くなった街もあり、多くの子どもまでも亡くなった記憶が、この童話の話になったのかもしれないといわれている。笛吹き男は、さしずめ病気をもたらす疫《やく》病神《びょうがみ》か死神だったのかもしれない。

ペストの流行より一世紀も前の事件というのは辻褄《つじつま》が合わないが、ヨーロッパ全域にペストが流行する前に一部地域で先行して流行した可能性も考えられなくもない。


もうひとつの東方移住説は、ドイツの研究者ヴォルフガング・ヴァンが提唱した説である。当時、ヨーロッパの人口は急増しており、土地が足りない状態だった。そこで新たな土地を求めて東方に移住する農民も多かったようだ。特に三分の一が森林というハーメルンの町では、耕地不足が深刻だったにちがいない。

そこへ植民請負人《うけおい》（ロカトール）がやってきて、若者たちにハンガリーの先にあるジーベンビュルゲンという土地への入植を持ち掛けたというのである。そして多くの若者がこの話を受け入れ、新天地へと旅立っていったという。

ヴァンは、この話が『グリム童話』の「ハーメルンの笛吹き男」のモデルになったと指摘している。

ただ、東方への入植は当時のドイツでは各地で行なわれており、なぜ、ハーメルンの地域だけが、こんな不可解な話にとって代わったのか。

この疑問に対してヴァンは、各地での移住は平均的に五〇人前後だが、ハーメルンの場合、その倍以上の人数が移住しているため、その人数の多さが衝撃を与えて、語り継がれたのではないかと推測する。

残された記録には「消えた」とだけ書かれており、なぜ、「移住した」と記さなかったのか不思議である。

人の脳を攻撃するハバナ症候群は何かの陰謀だったのか？

二〇一六年にキューバの首都ハバナを皮切りに、世界各地で起きている原因不明の怪現象が「ハバナ症候群」である。

これは、ハバナに駐在していた複数のアメリカとカナダの外交官が突如、頭痛やめまい、耳鳴りなどの体調不良を訴えたのが始まりである。アメリカでは二四人が体調不良に陥り、**診断した医師によると、脳の神経組織の一部に強い衝撃を受けたときのような異常が認められた**という。

しかし、この二四人は誰ひとりとして強い衝撃を受けた覚えはなかった。ただひとつ気になる点といえば、体調不良になる前に何か甲高《かんだか》い音を耳にしていた。それは金属をこするような音で、小刻みな振動を感じたと報告した人もいた。

アメリカ政府は、長い間対立していたキューバで原因不明の症状が起こったため、外部からの攻撃と考え、ハバナに駐在していた職員らを退去させた。しかしその後、ウズベキスタン、中国、オーストラリア、ベトナム、コロンビア、ドイツなど、世界各地に滞在するアメリカの外交や軍関係の職員らに次々と不可解な症状が現われた。

さらに、首都ワシントンやバージニア州などアメリカ国内での被害例も報じられ、数年の間に二〇〇件近くも発生した。

ハバナで最初に発生したためハバナ症候群と名づけられたものの、その後もこの症状の原因がまったくわからなかった。最初に音が聞こえたということから、音響を使って攻撃した音響兵器説や、キューバでは蚊《か》を抑えるために燻蒸《くんじょう》するのだが、その殺虫剤の成分が原因だとされる説が出された。

また、もうひとつ浮上したのは、アメリカ科学アカデミーが出したマイクロ波説で、旧ソ連時代から電磁波攻撃の研究をしていたとされるロシアによる攻撃ではないかと目された。しかし、マイクロ波による攻撃機器を世界各地に配するのは考えにくく、疑問符がついた。そもそも、大使をはじめとする上級幹部には被害がないため、外部からの攻撃という見方は不自然だという意見もある。

☆二〇二一年、米・国務省の科学報告書

外部からの攻撃でないとしたら、何が原因なのか。

謎が謎を呼ぶハバナ症候群だったが、二〇二一年九月にアメリカ国務省の科学報告書が公開され、驚きの内容が明かされた。

なんと、その原因はコオロギだというのである。聞こえたという音を分析したところ、コオロギの鳴き声だった可能性が高い。そしてコオロギの甲高い音を聞き続けたことで、体調に異変を感じるようになったというのだ。

あわせて報告書では、心因性の疾患の可能性も指摘している。この心因説は、オーストラリアのロバート・バーソロミュー博士も一種の集団ヒステリーではないかと指摘している。

外交関係が改善されたばかりのキューバに派遣されたアメリカの外交官は不安を抱えており、ひとりが体調を崩すと、それを身近に見ていた隣の職員も体調に異変を感じるようになり、それが広がったという。

そして、アメリカ国務省が異常な健康被害に注意するよう世界各地の関係機関に警

告を出したことで、世界各国の大使館員らにも連鎖したと推測している。

二〇二二年一月には、アメリカ中央情報局（ＣＩＡ）も攻撃によるものではなく、心因性によるものという中間報告をしたが、翌月にはアメリカ情報機関のアナリストや外部の専門家からなる委員会が、電磁パルスを原因とする説が有力と発表するなど、解決には至っていない。

やはり、攻撃によるものなのか、何かの陰謀なのか——。正体の見えない敵に悩まされる怪事件である。

エジプトファラオの墓に関わる人物に今もおそいかかる呪い

古代エジプトの王（ファラオ）たちは、墓を暴《あば》いて王の安息《あんそく》を破る不届き者がいないよう呪いをかけて永遠の眠りについたという。それから三〇〇〇年以上たった二〇世紀初め、まさにファラオの呪いと思わせる戦慄《せんりつ》の事件が相次ぎ、世間を震撼《しんかん》させた。

一九二二年一一月、イギリスの考古学者ハワード・カーターとスポンサーのカーナヴォン卿《きょう》は、ナイル川中流・ルクソールの王家の谷で古代エジプト第一八代王朝の王、ツタンカーメンの墓を発見した。翌年の二月には、黄金の棺《ひつぎ》、黄金のマスク、豪華な装身具なども未盗掘《みとうくつ》のままで発見された。この発見はセンセーションを巻き起こしたが、しばらくすると不可解なことが次々と起こり始める。

それは発掘から半年後のこと。発掘に私財を投じていたスポンサーのカーナヴォン卿が突然、原因不明の高熱に苦しみ、急死したのである。その知らせを受けた友人のジョージ・ジェイ・グールドは、エジプトを訪れ、友の死を悼《いた》んだ。そして、ツタンカーメンの墓を見学したが、彼もまた高熱を出して翌朝に急死した。

ここからファラオの墓の関係者の身の上に続々と不幸がおそい始める。見学に訪れたイギリスの実業家ジェル・ウールをはじめ、ツタンカーメンのX線撮影者、ミイラの遺体検視をした技師や医師などが立て続けに亡くなったのだ。さらに、数年後にはハワード・カーターの秘書で発掘の現場にも立ち合っていたベセルも世を去った。わずか数年の間に、二〇人以上もの関係者が亡くなっていたのである。

死の連鎖に人々はおののき、ファラオの呪いではないかとうわさした。

しかも、カーナヴォン卿ら発掘隊は、発掘の途中で玄室《げんしつ》（王の間）の扉を開ける前、前室で不吉な文字を見ていたという。

「墓盗人は砂漠の炎で追い返す。われはツタンカーメンの墓を守る者」という言葉が刻まれた粘土板を発見していたのである。三〇〇〇年の時を経て、ファラオの呪いがよみがえったと恐れられた。

☆二〇〇七年、ベルリンのエジプト大使館に届いた小包

この不可解な死の謎をめぐり、多くの科学者が解明を試みてきた。発掘に立ち合った関係者が連鎖的に亡くなっていることから、感染症や病原菌が原因ではないかと考えられた。ミイラに付着していたウイルス説、古代エジプトの毒草説、カビによる感染症説などが唱えられたが、決定打がなかった。ついにはピラミッド・パワーによる超常現象説まで持ち出されたこともある。その後、解明には至らないまま、ファラオの呪いとして語り継がれている。

この呪いは、二一世紀の今も続いているかもしれない。二〇〇七年、ベルリンのエジプト大使館に小包が届いた。中には手紙とともにエジプトの王家の谷の壁から削り取ったという破片が入っていた。その手紙によれば、二〇〇四年にエジプトを訪れた差出人の義父が、王家の谷の墓の碑文《ひぶん》の一部を切り取って持ち帰ったという。

ところが帰国直後から、彼は原因不明の高熱と首から下の麻痺《まひ》に苦しめられ、やがて亡くなったと記されていた。遺族は恐怖を感じ、破片の返還を申し出たのだ。ファラオの呪いが今も続いていると思わせる出来事である。

6章

もうひとつの顔を持つ古代文明

——禁断の新説!? 明らかになった真実!

新説が証す――ストーンヘンジは天体観測所ではなかった？

古来、石には不思議な力が宿ると信じられ、特に見た人々を圧倒する巨石には神秘の力を感じてきたにちがいない。世界各地に巨石信仰があり、不思議な列石がいくつも存在する。中でも有名なひとつが、イギリス南部のソールズベリー平原にあるストーンヘンジである。

ストーンヘンジはサークル状の列石で、中心には、高さ七メートルの二本の石柱の上に巨石が横たわる。その周囲には、高さ四・五メートルの立石が並び、その上にもやはり横石が渡されている。

歴史は古く、紀元前二六〇〇～前一一〇〇年頃の間に三つの時代に分けて建造されたと見られる。大平原に現われるこの石の造形は、今もミステリアスな威容《いよう》を誇っている。何より、いったい何の目的で築かれたのかわからないため、これまでさまざまな説が唱えられてきた。

古くは、アーサー王伝説に登場する魔女マーリンによる墳墓という伝説があるが、アーサー王伝説は五世紀の話であり、明らかに年代が合わない。そのほか、ローマの神殿、ケルト人の祭祀を司るドルイド僧の神殿説などがあがった。

二〇世紀になって注目されたのは、天体観測所説である。巨石を結んだ直線を引いてみると一定の法則が見出せるというのだ。その直線が、春分や秋分、夏至と冬至の太陽と月の出入りの位置の方角を表わしていると考えられた。しかし、大平原で天体観測をしなければならない理由がはっきりしない。

☆治癒の力がある石・ブルーストーン

近年、新たな説が浮上している。それは、これらの石が遠隔地から運ばれてきたという事実からアプローチしたものだ。

ストーンヘンジには、サーセン砂岩とブルーストーンと呼ばれる二種類の石が使われている。サーセン砂岩は付近で採れる石だが、ブルーストーンは二〇〇キロメートル以上も離れたプレセリ丘陵《きゅうりょう》で産出する石で、わざわざ運んできたことがうかがえる。

紀元前の時代、巨石を運ぶのは簡単ではなかったはず。にもかかわらず、わざわざ遠隔地の石を使ったのは、この石に特別の意味があったのではないかと考えられた。そして二〇〇八年、この疑問に答えた説が、イギリス・ボーンマス大学の学者たちによって提唱された。ブルーストーンは治癒の能力がある石と信じられており、**ストーンヘンジは、病人たちが癒しを求めた巡礼地だったのではないかと発表した**のである。

その根拠のひとつが、周辺から発掘された人骨である。発見された人骨の多くに奇形や先天異常が認められたのである。しかも、そのうちの一体の人骨は、はるか遠いアルプス出身の者だったという。ヨーロッパ各地から、治癒のためにこの地を訪れていた。ここまで来たものの力尽き、そのまま土に還った者も多かったのではないかと推測されるという。

実際、土地の人々はこの石を水に入れて飲むと病気に効《き》くと信じていたという話もある。この迷信がストーンヘンジの謎を物語っているのかもしれない。

続々と見つかるナスカの地上絵の全貌は？

太平洋とアンデス山脈にはさまれたナスカ台地とその周辺の南米の大地には、クモ、ハチドリ、コンドル、サルなど生き物や幾何学模様が描かれた線画が、一〇〇〇点以上も点在する。ナスカの地上絵だ。

およそ二〇〇〇年前に制作されたもので、長くその存在は、歴史の中に埋もれていた。発見は二〇世紀になってからのこと。なぜなら、大きな絵は、数キロメートルにも及ぶため、飛行機が登場し、空から俯瞰《ふかん》しなければ、絵が描かれていることに気づかなかったからである。

この地上絵にはいくつかの謎がある。**二〇〇〇年もの間、どうして消えることなく絵が残り続けたのか、いったいどうやって、これだけの大きさの絵を描いたのか、何のために描いたのか……。**

まず、消えなかった要因は、気候と土壌にある。この地は、年間の降水量が一〇ミリにも満たない乾燥地であったので、降雨でかき消されるようなことが起こらなかった。また、赤い石を取り除いて白い石灰質の土壌を露出させたので、白いくっきりとした線を残すことができた。

では、巨大な絵を古代の人がどうやって描いたのか。

これについては、いっぺんに描いたわけでなく、地上に小さな下絵をまず描いた。そして下絵にいくつか点をプロットし、そこから何倍か延長した点に杭《くい》を打っていく。それらの杭を結べば拡大した絵ができる。この作業を繰り返せばいくらでも大きな絵が描けるというわけだ。

☆山形大学研究グループの新発見

では、何のために描いたのか。

実は、このような巨大な絵を描いた目的がはっきりしない。だが、これだけの労力を要している以上、何らかの目的があったと考えるのが自然だろう。

灌漑《かんがい》用水の位置を示した地図ではないか、いや、宗教的意味を持った巡礼地だったなど、いくつかの説が上がった。最初は描かれた手法も不明だったため、宇宙人による基地説、宇宙人からのメッセージ説など奇想天外な説も飛び出した。

二〇世紀半ばには、ドイツ人数学者のマリア・ライヘが、天体観測台として使われたという説を唱え、話題を呼んだこともある（今日では否定的意見が多い）。

ほかにも、農耕儀礼説がある。周囲の墓から出土した土器には、鳥や農作物、神らしき存在が描かれている。これらを通して豊作祈願したとされており、地上絵も同じ役目を担《にな》ったというのだ。さらに、雨が降らない乾燥地帯であることや水辺に棲《す》む生物も多く描かれていることから、雨乞《あまご》いの儀式が目的だったという説もある。

このように、地上絵の目的はいまだはっきりせず、謎を残したままなのだ。

そんな中、二〇二二年一二月には、山形大学の研究グループが、ＡＩ技術やドローンを駆使《くし》して、ラクダ、サル、魚、人型など一六八点もの新たな地上絵を発見している。そこには、二つの頭を持つヘビが人を飲み込もうとするユニークな絵もあった。

今日も続々と新しい絵が見つかっており、全貌を知るまでには至っていない。古代人が残したメッセージを受け取るまでには、まだ時間がかかりそうだ。

広島にあった⁉　日本のピラミッド

ピラミッドといえば、エジプトの王の墓として有名だが、実は世界最古のピラミッドはエジプトのはるか東、日本に存在したという説がある。

この説を唱えたのは、戦前のピラミッド研究家の酒井勝軍《かつとき》である。酒井は、神代《かみよ》を記した古文書『竹内文書』にあった「ピラミッド日本発祥《はっしょう》説」に着目。日本のピラミッドがエジプトに伝播《でんぱ》したと考え、それを証明しようと日本ピラミッドの山を探し回った。

酒井曰《いわ》く、ピラミッドは必ずしもエジプトのような四《し》角錐《かくすい》である必要はなく、自然の山でもよいとしている。その山を拝むための拝殿となる山がそばにある場合もあるらしい。

また、御《ご》神体《しんたい》となる太陽石《たいようせき》、拝殿には太陽光を反射する鏡石《かがみいし》、方位を表わす方位《ほうい》石《せき》、大きな天井石《てんじょういし》とそれを支える数個の石からなるドルメンや、直立した巨石であるメンヒルなどを備えていると考えていた。

☆人工物に見える巨石群は何を示す？

日本ピラミッドを探していた酒井は、広島県庄原《しょうばら》市の標高八一五メートルの葦嶽山《あしたけやま》と隣の標高八〇〇メートルの鬼叫山《ききょうざん》にある巨石群に注目する。葦嶽山は、どこから見ても三角形の美しい山容をしている神秘さを漂わす山だった。

酒井が調査すると、葦嶽山と隣の鬼叫山には高さ八メートル、幅一〇メートルの鏡石、二個の石の上に巨石を乗せたドルメン、高さ七メートルの四角柱のメンヒルが存在することを突き止めた。また、頂上には直径三メートルの球形の太陽石があり、周囲を囲んだ祭祀跡のような場所も見つけたという。

こうして酒井は一九三四年、**葦嶽山を天照大神《あまてらすおおかみ》の神殿、隣の鬼叫山を拝殿とする、二万五〇〇〇年前に建造された日本ピラミッド**だと主張した。この説は話題となり、当時の新聞でも取り上げられた。

たしかに、この山には不思議な伝承がある。メンヒルの上にはくぼみがあり、かつてそこには昼夜を問わず光り輝く石がはめられ、鏡石はそれを反射して輝いていたという。この鏡岩の光で神と交信していたと伝わっている。

その後の第二次世界大戦で、軍部が太陽石は取り壊してしまったが、鏡石やメンヒルなどは今も残っており、ミステリアスな雰囲気を伝えている。

こうした日本ピラミッドは全国各地に存在する。同じ広島県では廿日市《はつかいち》市のうが高原にある「のうがピラミッド」もそのひとつである。

人工物のように見えるタイル状の石、方位石、鏡石などの巨石が残されており、その巨石群は江戸時代から知られていたという。また、巨石が光り、その光を頼りに漁師は瀬戸内海を航行したという話が残っているなど、やはり不思議な場所であるらしい。

酒井によれば、日本にはピラミッドがいくつも存在するという。エジプトのピラミッドが石積みになっているのは、日本のような山がない砂漠地帯であったためであって、日本こそがピラミッドのルーツだと考えていた。荒唐無稽といってしまえばそれまでだが、日本のピラミッド探しはロマンがありそうだ。

広島で見られる巨石群。この高さ７メートルの四角柱は神殿か、拝殿か

古代の大都市・モヘンジョダロにはなぜ遺体が残っていないのか？

パキスタン南部に位置するモヘンジョダロは、インダス川流域に栄えたインダス文明の代表的な都市遺跡である。一九二二年にこの遺跡が発掘されたことで、インダス文明の存在が明らかとなった。

特筆すべきは、紀元前二五〇〇年頃から紀元前一八〇〇年頃に栄えた都市ながら、すでに街が整備され、高度な文明を持っていたことだ。

城壁をめぐらせた周囲四キロメートルの市域の中に、幅九メートルの大通りを中心に細い通りを碁盤《ごばん》の目で区割りしていた。この街の外観を特徴づけているのは焼成《しょうせい》レンガである。この地は雨が多いことから、一般の住居も含めて水に溶けにくい焼成レンガが用いられており、しかも、レンガは積み上げやすいように規格化されていた。

上下水道も整えられていたようで、井戸が完備され、また、各家から流れる排水は、専用の溝に集められて流れる仕組みだった。街の西側には、大浴場や穀物倉庫があり、穀物倉庫周辺では、商業活動も行なわれていたらしい。この街では、三万人から四万人が暮らしていたと推定される。

これだけ高度に発展したモヘンジョダロの最大の謎は、滅亡の原因についてである。**街だけを残して、突然人の姿が消えてしまったかのように見える**のだ。わずかな遺体は残っていたが、多くの人がいたはずの痕跡がなく、不可解に思われた。

いくつもの説が出されたひとつに、古代インドの聖典『リグ・ヴェーダ』にも記されたアーリア人の侵攻説がある。紀元前一五〇〇年にアーリア人が、モヘンジョダロで砦を破壊したという記述が、この説の裏づけとなっている。

モヘンジョダロからは実用的な武器がほとんど発見されていないことから、アーリア人の侵攻の前にあっけなく敗れたとも考えられる。ただ、紀元前一五〇〇年頃といえば、すでにモヘンジョダロは廃墟と化しており、アーリア人の侵攻が滅亡の直接の原因とするには年代が合わない。

そこで、自然現象などの天変地異が唱えられた。この時代に大洪水が三回あったことがわかっており、それによって滅亡したというものである。

ほかにも、雨量の急激な減少か地下水の流路が大きく変わって穀物が育たなくなり、食料不足で滅びたという説、薪《たきぎ》を得るため森林を伐採した結果、土地が塩化してやはり穀物不足に陥ったという説などがあがった。しかし、それらを示すような痕跡が見つからないのである。

☆遺跡を化学分析してわかったこと

原因がはっきりしない中、意外な説が飛び出した。核による滅亡説である。奇想天外な話に思えるが、いくつかの根拠があった。

ひとつは、真っ黒に焦げた遺跡の一部を化学分析したところ、一五〇〇度以上の熱を短時間に浴びてガラス化したものであることが判明した。また、残された遺骨の一部からは、通常の五〇倍の放射能が検出されている。これは、核の存在を結びつけたくなる結果だった。

さらに、古代インドの叙事詩『マハーバーラタ』には「アグネアの武器によって人も街も一瞬にして壊滅した」と記されている。強い光と熱を一瞬にして放ち、人や建物を壊滅させるという強力な武器だったらしい。

また、「太陽がいくつも集まったような強烈な明るさのあと、光り輝く柱がそびえたった」という記述も残っている。これは、まさに核による爆発を想起させるような内容だった。

もちろん古代に、現代のような核爆弾があったとは考えられないだろう。しかし、『マハーバーラタ』が記した、我々が想像しえない武器が存在したとしたら……。多くの人が一瞬にして焼き尽くされ、人がいたはずの痕跡が残らないのも説明がつく。『マハーバーラタ』の記した武器とは、いったいどんなものだったのか。

マヤ文明・パレンケ遺跡で見つかったのは宇宙人の遺骨か

メキシコ東部のチアパス山脈には、七世紀に最盛期を迎えたマヤ文明の古代遺跡パレンケがある。その面積は約一五平方キロメートルにおよび、中心地はメキシコ湾を見渡せる高台にある。遺跡は三つの神殿、宮殿、球技場を持つマヤ文明の特徴的な建物が並ぶ。宮殿のそばには水洗式トイレも備わり、パレンケが高度な技術と文明を持っていたことがうかがえる。

パレンケ遺跡の中でもっとも高い位置にあるのが、階段状をしたピラミッドの上に建てられた「碑文の神殿」と呼ばれる神殿である。名前の通り、内壁にはマヤの象形文字で刻まれた碑文が残されている。この碑文には、パレンケ王朝の神話と歴史が書かれており、六一五年に即位したパカル王とその息子たちによって書かれたものとされる。

碑文によると、一一代の王パカル王は、六一五年に一二歳で即位し、六八三年に八〇歳で没したことになっている。神殿に至る階段の数が六九段あり、これはパカル王が在位していた年数に合わせたものと考えられてきた。

しかし、パカル王なる人物が本当にいたのかどうかは、これまではっきりしていなかった。なぜなら、碑文でしか確認されていなかったからだ。

二〇世紀に入ると、パカル王の実在が真実味を帯びることとなる。

一九四九年に碑文の神殿の調査をしていた考古学者アルベルト・ルース博士が、**床の敷石の下に階段があるのを発見。三年がかりで障害物を除去して地下にたどり着くと、そこは地下室となっており、六人分の遺体を発見した。**

さらに、その奥の部屋には石棺《せっかん》があり、その中から豪華な王冠や耳飾り、腕輪などの副葬品とともに男性の遺骨が発見された。石棺に納められたのはパカル王で、この神殿は王墓だったのではないか……。

これまでマヤ文明の神殿は、祭祀の施設や天文観測の施設と考えていただけに、王墓の可能性という事実は、考古学界にセンセーションを巻き起こした。

☆石棺に刻まれた「何かを操縦している者」

ところが、調査が進むにつれ、謎が生じることになる。この石棺の中に納められた遺骨を鑑定したところ、四〇代の男性と判明したのである。これでは碑文にあった八〇代で亡くなったというパカル王の年齢と一致しない。

しかも、当時のマヤ人の平均身長は、せいぜい一五〇～一六〇センチのところ、遺骨から推定された身長は一八〇センチだった。

そのため、この遺骨はマヤ人でない異人種かもしれないと唱える研究者もいた。

また、石棺に刻み込まれたレリーフは、冥界への道筋を描いているものなのだが、そこに描かれた人間は、ヘルメットのようなものをかぶり、酸素吸入器のようなものをつけ、何かを操縦しているかのようにも見えた。そのため、古代の宇宙飛行士か宇宙からの来訪者ではないかという突飛な説も飛び出した。

この遺骨はいったい誰なのか。その正体は今もって明らかになっていない。

最先端の透視技術が示す
クフ王ピラミッドの隠し部屋

誰もが知る有名な世界遺産でありながら、いまだ謎を秘めているのがエジプトのピラミッドである。エジプトの首都カイロにも近いメンフィスには、エジプト古王国時代のピラミッドが約三〇基も並ぶ。中でも有名なのがギザの三大ピラミッドだ。紀元前二五〇〇年頃に築かれたクフ王のピラミッドは、東京ドームより広い底辺二三〇メートル四方あり、高さ一四七メートルというスケールである。

しかし、その用途については、盗掘にあって室内が空っぽのためはっきりしていない。そのため、王墓説、公共事業説をはじめ、穀物の貯蔵庫、王の権威を示すモニュメントとして建てられたなど、いくつもの説が浮上してきた。また、ピラミッドの各部の寸法が地球の直径や円周、地球と太陽の距離などに合致していることから、王と宇宙をつなぐ神殿のようなものではないかと唱える研究者もいる。

この謎を解き明かしてくれるカギとなりそうなのが、新たな部屋の発見である。実は**ピラミッドに隠し部屋があったことは碑文に記されている。また、失われた文明の知恵を示す記録の宝庫が隠されているという伝承も残っている。**この隠し部屋や記録の宝庫を発見すれば、ピラミッドのベールがついにはがされるのではないか……。そう考えられてきた。

たしかに一〇〇〇年以上前に、クフ王のピラミッドからは、いくつかの空間が発見されている。それは今日、「王の間」「女王の間」「大回廊」と呼ばれる場所だが、発見当初、すでにもぬけの殻《から》だった。

☆そこは王が埋葬された場所なのか

今世紀になって、エジプトの謎は大きく動き出した。

二〇一五年から、名古屋大学なども含む国際研究チームが、宇宙から飛来するミュー粒子を使ったミュオグラフィという最先端の透視技術を使って内部を調査した。結果、「王の間」と「女王の間」をつなぐ大回廊の上方二〇～三〇メートルの位置に、全長三〇メートル以上の大空間がある可能性を見出したのである。それは、二〇〇人乗りの旅客機に匹敵するほど巨大なスペースだという。

実は「王の間」と名づけられた空間こそ、もともと王の埋葬室にしようと考えていた場所だったが、ピラミッド建造途中に天井がひび割れたため、別の場所に新たな部屋を設けたのではないかと考えられてきた。ミュオグラフィで発見されたこの空間が、王を埋葬するための新たな部屋だったとしてもおかしくない。ただ、あくまでモニターによる解析だけで、そこに本当に空間があることを目視《もくし》できたわけではない。

しかし、二〇二三年、同研究チームがやはりミュオグラフィの調査によりピラミッドの北側の斜面から中央部に向かって縦横二メートル、奥行き九メートルの通路のような空間を発見した。ここではファイバースコープでの撮影にも成功し、新たな空間が本当に存在することを確かめた。通路は人工的に造られていることも確認できたという。

ミュオグラフィの確かさを証明できたことから、二〇一七年に発見された巨大空間についても、その実在がにわかに現実味を帯びてきた。この部屋にこそ王が埋葬されているのではないか。世紀の発見への期待が高まっている。

カッパドキアの巨大地下都市は本当に核シェルターなのか

トルコのアナトリア高原にあるカッパドキアは、ミステリアスな景観が広がる世界遺産である。二万五〇〇〇平方キロメートルという広さの中に、キノコ型、オベリスク型、尖塔型《せんとう》などの小さな岩山が突起のように林立している。

これは火山の爆発、そして気の遠くなるような大自然の営みで生まれた産物である。今から六〇〇〇万年前、火山が爆発し、噴出した溶岩が積み重なり凝灰岩《ぎょうかいがん》となった。それが雨や風などに侵食され、個性的な形をつくり上げたのである。

しかも、この岩にはかつて人が住んでいたようだ。内部がくりぬかれており、教会や修道院が造られていた。じつに一〇〇〇もの岩窟《がんくつ》教会が設けられていた。

このカッパドキアの最大の謎は、その**岩山の自然の景観の下、つまり、目には見えない地下に都市が造られていた**ことである。学校や教会、墓地などが築かれた、地上と変わらないような設備が整えられていたのだ。

そのうちのひとつ、デリンクユは、地下八階の構造で、迷路のように部屋が張りめぐらされていた。教会、ワイン醸造所、炊事場、井戸、トイレなどがあり、人が生活できる空間となっていた。地上に通じる通気口や排出口、非常用脱出路もあった。複雑で見つけにくい出入口や回転扉など、侵入を防ぐ工夫も見られた。

このような奇怪な都市を、誰が建設したのだろうか。

最初にカッパドキアの地上の岩に洞窟を掘って住み着いたのは、新石器時代の人々といわれている。その後、三世紀頃にはローマ帝国の迫害を逃れたキリスト教徒たちが、この洞窟を広げて教会などを造り、修行の場とした。そして七世紀以降、イスラム教徒の勢力拡大に脅威を感じたキリスト教徒が、今度は隠れ住むために地下都市を建設したのではないかといわれてきた。

☆歴史上から唐突に姿を消した人々

この地下都市には立派な空間が築かれているにもかかわらず、生活用具がほとんどなかった。また、ありがちな壁への落書きや碑文も残っていない。つまり、生活感が見られないのだ。さらに、弾圧から逃れるための場所にしては壮大な都市というのも不自然さがある。そのため、キリスト教徒ではなく別の人たちが築いたという異説も唱えられてきた。

それは、紀元前一二〇〇年頃に滅んだヒッタイト人ではないかというのである。ヒッタイト人は人類で初めて鉄を使った民族とされ、ヒッタイト帝国を築いて栄えた。

この地に君臨《くんりん》していたヒッタイト人自らが、なぜ地下にこれほどの都市を築いたのかは大きな疑問である。そこで登場したのが、この地下都市は核戦争に備えた「核シェルター」だったという説である。

ヒッタイト人は、唐突に歴史上から姿を消した。正体不明の謎の民族に侵攻され、予想を超える強力な兵器によって、ヒッタイト民族がわずかな期間で壊滅に追い込まれたのではないかという解釈がなされてきた。その兵器こそ核爆弾であり、核戦争を恐れたヒッタイト人たちが、核シェルターを造ったのではないかというわけだ。

そんな想像をさせてしまうほど、これだけの地下都市に生活の痕跡がないという違和感が漂っているということだろう。

この奇妙な遺跡には、どんな歴史が秘められていたのか、興味深いところである。

なぜ、わざわざ断崖絶壁にメテオラの修道院が建てられたのか

ギリシャ中部のテッサリア平原とピンドス山脈のはざまに、メテオラと呼ばれる巨岩群がある。高さ二〇～六〇〇メートルの巨大な岩の柱が、いくつも林立する奇観が広がる。

この不思議な地形は、六〇〇〇万年前くらいに堆積《たいせき》した砂岩が、地殻変動によって隆起して形づくられたものだ。

この岩山の頂を見ればさらに驚かされる。そそり立つ岩の頂上の断崖《だんがい》に人工物、つまり修道院が建てられている。**メテオラとは「空中に浮いている」という意味だ。その名の通り、修道院のまわりは遮《さえぎ》るものは何もなく、まるで天空の中に存在する修道院である。**最盛期にはこのような修道院が二四もあり、そのうちのいくつかは、今も修道女・修道士たちが修行を行なっているという。

この地と人類の歴史は九世紀に始まる。ギリシャ正教の「隠修士《いんしゅうし》」と呼ばれる修道士たちは当初、岩の洞窟や裂け目に居を構えた。俗界《ぞっかい》から切り離されたかのような巨石群の地は、俗世間から背を向け、ひたすら祈りと瞑想に明け暮れようとするギリシャ正教の修道士たちの姿を現わしていた。

それがなぜ、わざわざ頂上に修道院を築くようになったのだろうか。

☆「空中に浮いている」意味

現実的な問題としては、一四世紀になるとセルビア人が攻めてきたことで、戦乱を避けようとしたことがある。身を守るため、共同で修行する必要に迫られ、修道院を築くことになった。

当時、オスマン帝国の勢力拡大などによる異教徒からの迫害が激しくなっており、信仰を守ろうと、誰もが容易に近づけない断崖絶壁に修道院を築いたのではないかとされる。

一方で、宗教的意味合いもあったかもしれない。ギリシャ正教では、俗世を断ち、神と向き合って祈ることを大切にしていた。この建築を修行と考え、あえて頂上に建

高さが600メートルもの断崖に建つギリシャ・メテオラの修道院。
なぜ、わざわざこんな場所に？

てたのかもしれない。

実はこの切り立った高い崖《がけ》の上にどうやって資材を運び、建設したのかその方法はミステリーのひとつである。

一人ずつ資材を背負って登ったとも、縄ばしごや滑車《かっしゃ》を利用したともいわれるが確証はない。

この過酷な岩をよじ登って建築資材を運ぶことが、修行の一環と考えたという解釈もある。

信仰を守ろうとしたのか、それとも修行だったのか。

この地に立てば、彼らがこの過酷な場所に修道院を建てた思いに近づけるかもしれない。

マヤのカレンダーだった階段ピラミッド

メキシコのユカタン半島のチチェン・イッツァでは、九〜一〇世紀頃、マヤ文明の最盛期を迎えていた。優れた天文知識を持っていたことで知られるが、その証がククルカンのピラミッドとも呼ばれる「エル・カスティーヨ」である。

これは、高さ二四メートル、底辺五五メートルの九層からなる正方形をした階段状ピラミッドで、最上階には神殿が置かれていた。四面にはすべて中央に階段があり、頂上まで登れるようになっている。

荘厳《そうごん》な神殿というだけなら驚かないが、**このピラミッドは、マヤ人の高度な天文知識を体現したカレンダーのような仕掛けを施した装置となっていた。**

まず、石段は四面とも九一段あり、これを合わせると三六四段。それに頂上を合わせて三六五段になる。この数字は、一年の日数にほかならない。マヤ人は、すでに一年が三六五日であることを知っていたようで、太陽暦をモチーフに建造していたと思われる。

今日では当たり前のことだが、現在の太陽暦は、一五八二年に当時の西洋の天文知識を結集して制定されたグレゴリオ暦をもとにしたもの。その何百年も前にマヤの人々は、すでに一年の周期を知っていたことになる。

それ以外にも、さまざまな部分が暦《こよみ》と連動していた。階段の段数が九段のテラスに区切られて、一面のテラスの階段数が一八段になっているのは、マヤの暦が一八か月を一年とみなしていたからである。

また、各面に五二個のパネルがあるが、五二という数字はマヤ人にとって重要な周期を意味していた。マヤの人々は三六五日にあわせて二六〇日周期の暦も生み出していたが、この二つの暦（三六五と二六〇）は五二年周期で重なり合う。その年には厄災が起こるといわれており、ピラミッドの建造など重要な宗教行事が行なわれた。

☆浮かび上がる伝説のヘビ・ククルカン

ほかにもピラミッドには、天文知識があったからこそのスケールの大きい仕掛けも施されていた。それは、春分と秋分の日に、ピラミッドの北側の階段部分にヘビの影が現われるようになっているということである。この日、太陽が沈む頃、階段の部分に波打つ影が現われ、時間とともに階段を駆け下り、最下段に設置されているヘビの石頭とつながる。それは、まるで一匹の巨大なヘビが浮かび上がるように見える仕掛けだった。このヘビはククルカンと呼ばれる伝説の生き物で、マヤの人々の信仰の象徴であった。

この仕掛けには、太陽の位置や暦の周期など正確な天文知識が必要になる。天体望遠鏡もない時代、マヤの人々はどうやって高度な天文知識を得ていたのか。

マヤの人々は、カラコルと呼ばれた天文観測台で天体観測をしてデータを積み重ねたともいわれる。ただ、肉眼で正確に測定するのは難しく、今のような科学的な知識もなかったはずだ。そんな彼らが、正確な一年の周期や太陽の位置をどのように導き出したのかは不思議である。

沖縄海底遺跡こそ、失われた大陸・ムーだった？

一九三一年、イギリス陸軍のジェームズ・チャーチワードが『失われたムー大陸』を上梓《じょうし》したことで、ムー大陸の伝説は世界に広がることになった。

それによれば、太平洋に浮かんでいたムー大陸は、五〇〇〇万年前に人類が誕生した地だという。太陽神に仕《つか》える神官がムー帝国の皇帝で、高度な文明を築いていた。エジプトやインカにもその文明が伝わったが、一万二〇〇〇年前、大地震と火山噴火により大陸が海に沈み、消滅したとされる。現在のイースター島やマリアナ諸島がその一部だとしている。

しかし、人類の祖先である猿人《えんじん》が出現したのは数百万年前であり、五〇〇〇万年前に人類が存在したというムー大陸伝説とは、あまりにもかけ離れている。そのため、チャーチワードがいうムー大陸の存在を支持する者はほとんどいない。

一方で、世界各地には島が海に沈んだという伝説が残されており、ムー大陸との関連が取りざたされているのも事実だ。

☆テラスや城門、そして城壁

実は日本にもムー大陸ではないかという場所が存在する。沖縄・与那国島《よなぐにじま》の海底遺跡である。

この海底遺跡は、一九八六年に与那国島の海底から発見されたもので、海底には東西二七〇メートル、南北一二〇メートルの巨石が横たわっていた。その巨石はピラミッド状になっており、テラスや城門、城壁とおぼしき部分が残っており、都市の痕跡を思わせた。

遺跡を調査した琉球《りゅうきゅう》大学の木村政昭氏は、人工的に造られた可能性が高いと指摘。きれいな直線の切り口や規則正しく並んだ階段状の石組みは、自然の造形とは考えられないとした。しかも、その石造物には楔穴《くさびあな》も見つかっているという。楔穴とは、岩を切り出す際に切り出しやすく加工した痕跡で、これが等間隔で多数並んでいたのである。

沖縄・与那国島海底に眠る階段状の石組み。
失われた大陸の遺跡なのか？

こうした調査状況から、ある仮説が立てられた。この海底地形はもともと地上において人の手によって造られた建造物だったが、一万二〇〇〇年前に海に沈んだのではないか……。これこそがムー大陸の一部ではないか……。

この説を補強するのが、はるか昔、琉球諸島は日本列島や台湾と地続きだったとされることだ。つまり、今は遺跡が沈んでいる地もかつては陸地が存在したのである。

現在、九州から南西諸島、沖縄、台湾の島々が弧《こ》を描くように並ぶのは、ここがかつて地続きだった名残りだという。

加えて、琉球王朝の正史によれば、琉球王国は一万七〇〇〇年前に始まったという記録がある。これらが事実であれば、ムー大陸が存在したとされる時代と重なり、この地に文明が築かれていても不思議ではない。

しかし、この海底遺跡は自然の造形物という反論もあり、また、一万七〇〇〇年前にこの地に人の営みがあった証拠は今のところ出ていない。

沖縄が世界中の人が探し求めてきたムー大陸なのかどうか、真相は海の底に沈んだままである。

7章

その生物は本当に姿を現わしたのか？

――「存在する証拠」から見えてくること

公文書に残る「ジェノバの怪人」

イタリア北部のジェノバは、バロック様式の美しい建物が並ぶイタリア最大の海運都市である。パラッツオ（宮殿）群があるガリバルディ通りは世界遺産にも登録されている。

今では観光名所としても名高い街だが、華やかなりし一七世紀、ジェノバの町を震《しん》撼《かん》させた奇妙な事件が起きている。

謎の怪人の出現である。

これは伝承や伝説といった類ではなく、フランス・ニースの公文書館にある歴史書に記された公式の記録だ。

では、記録をひも解いてみよう。

その事件は一六〇八年八月に起こった。**ジェノバの港に腕がウロコで覆われた謎の**

怪人が突如襲来したのである。

怪人は複数人で、女性らしき者、竜の頭を持つ者がおり、腕にはヘビがとぐろを巻いていた。そして、大きな叫び声とともに海面で大暴れしていた。軍隊まで出動し、砲弾を浴びせたものの、怪人はひるまなかった。やがて怪人たちは海の中へ消えていった――。

☆三台の馬車はUFOだったのか

いったいあれは何だったのか。

町中はその話題でもちきりとなり、興奮と恐怖がジェノバを飲み込んだにちがいない。そして記録はまだ続く。

八月一五日、再び怪人たちが姿を現わした。今度は六匹のごうごうと燃える竜の姿をしたものに引かれた馬車とともに現われた。海面で大暴れをしたあげく、何事もなかったように海の中へ姿を消した。

直後、ジェノバから南フランス地方にかけて、血のような真っ赤な雨が降り注いだ――。

それ以降、プツリと怪人の記録は途絶えている。現われたのに記録されなかったのか、二度と現われなかったのかは定かではない。

あの不可解な怪人がいったい何者で、何の目的でやってきたのかは謎のままである。見慣れぬ外国人の来訪を脚色したのではないかともいわれたが、軍隊が出動していることを考えれば、やはりただ事ではない。一部の研究家からは、地球の外からやってきた地球外生命体で、記録された三台の馬車とは、彼らが乗るＵＦＯだったのではないかという説も出された。

ごくごく限られた時期の不可解な出来事ではあるが、多くの人が目撃し、公式に記録された歴史であることは、まぎれもない事実である。

二〇〇六年に発見されたイタリアの吸血鬼

夜な夜な人の血を求めてさまよう吸血鬼――。あくまでアイルランドの作家、ブラム・ストーカーの小説『吸血鬼《ドラキュラ》』やホラー映画に登場するキャラクターにすぎないと思うだろうか。

ところが、**ヨーロッパでは現実に吸血鬼が存在していると信じられてきた。その伝承や目撃例も数多い。**

その背景には、キリストが自らの血を流して人々を救済したという教えが、中世には誤って解釈され、血が超自然的な力を持つ万病の薬とみなされたことがある。

さらに、自殺した者やキリスト教を破門された者など、救済されない魂があの世をさまよい、やがて死体に宿り、魔物となったと考えられた。この魔物がやがて血を吸う死体、吸血鬼という伝承を生み出したようだ。

伝承にすぎなかった吸血鬼が、一四世紀頃から人の前に姿を現わすようになる。当時、ヨーロッパでは疫病が流行し、死体があふれ、墓地の場所が足りない状態だった。埋葬しようと掘ったところ、そこはすでに別の遺体が埋葬されていた。土の中から血色に染まった遺体が次々現われることになり、人々は仰天。伝説の吸血鬼だと恐れた。実は遺体が腐敗していく過程で、体内から赤褐色の液体が流れ出すのだが、当時の人々には知識がなかった。

☆レンガを口に詰められた遺体は何を物語る?

吸血鬼の事例で特に有名なのが、一八世紀、東南ヨーロッパ・セルビアのメドレイガの街に住んでいたアーノルド・パウルという人物の話である。

若くして死んだパウルだったが、じきに彼が、夜な夜な町をさまよっているというわさが出るようになった。さらに、彼に首を絞められたという訴えが何件も飛び出し、その折、四人が謎の死を遂げる。これはパウルの仕業《しわざ》だと囁かれたことで、事件から四〇日後、オーストリアから派遣されてきた医師がパウルの墓を掘り返すことになった。

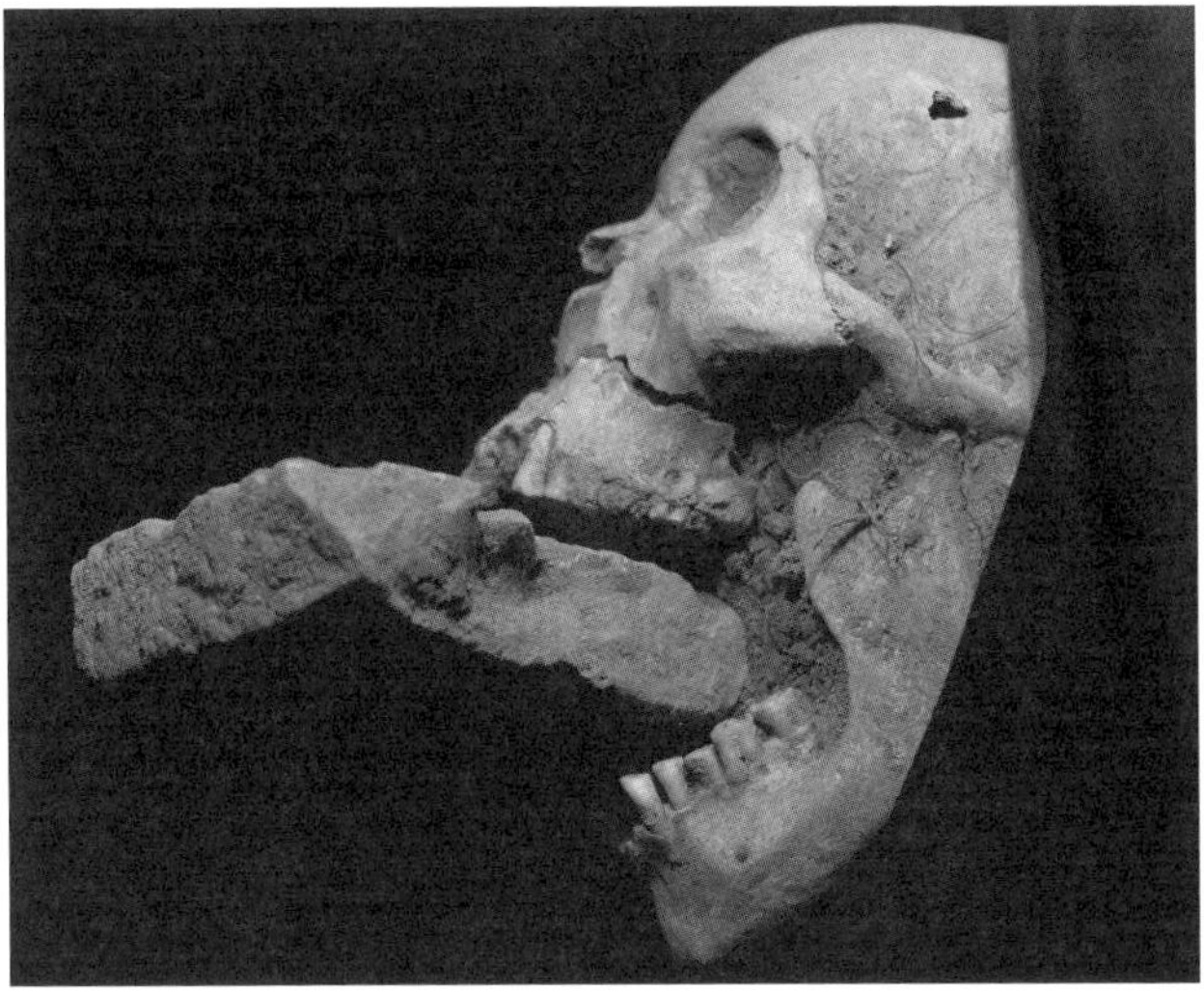

レンガが口に押し込められた状態で発掘された女性の頭蓋骨。まさしく「吸血鬼封じ」だった！（2006年、イタリア・ベネチアの集団墓地より）

驚くことに死体は腐敗していなかった。それどころか、生きているようにも見え、爪《つめ》やヒゲが伸びていた。さらに、棺の内側には、血とおぼしき赤い色がついていたという。

これこそ、人の血を吸って生きる吸血鬼の〝証拠〟ではないか――。町の住人たちは驚き、二度と蘇《よみがえ》らないように、パウルの首をはねて火葬にしたという。

そして二〇〇六年、イタリアのベネチア近郊にある中世の疫病犠牲者の集団墓地で吸血鬼が発見される。

この墓地から見つかったのは、推定年齢は六〇～七〇歳ぐらいのヨーロッパ人と見られる女性だった。

身なりから、身分の低い女性と推測されたが、同時に彼女こそ、吸血鬼と考えられていたことが判明したのである。

なぜなら、口の中にレンガが詰め込まれた状態で発見されたからである。

当時、吸血鬼とされた遺体の口にレンガを詰め込むことで、魔除《まよ》けとなるとされてきた。口をふさぐことで疫病が広がらないと考えられていたのだ。

口にレンガを詰め込むとはむごい気もするが、血を吸う吸血鬼を封じるという意味合いもあったと考えられる。

日本各地に残る人魚、天狗、河童、鬼のミイラからのメッセージ

日本各地で、河童《かっぱ》、人魚、天狗《てんぐ》、鬼など、おなじみの妖怪たちが跋扈《ばっこ》しているらしい。どれも**単なる空想上の生き物に思えるが、実は実在したかもしれない証がある。**

それはミイラの存在だ。

まずは、妖怪の代表格ともいえる河童を見てみよう。河童といえば、おもに川や池に住み、頭の上の皿、とがった口、背中の甲羅《こうら》がトレードマーク。しかし、恐ろしい存在としても知られ、尻子玉《しりこだま》（肛門にあるとされた架空の玉）を抜いたり、時には人や馬を川に引きずり込んだりするとされてきた。

江戸時代には目撃例も多く、捕らえられて見世物にされたこともあるようだ。明治時代に入っても河童が出没したという記録があり、河童が身近に存在していたことを思わせる。

それを示すかのように、河童のミイラがいくつか存在する。東京都台東区にある曹《そう》源寺《げんじ》には、鋭い爪と水かきを持つ手のミイラが安置されている。また、佐賀県伊万里市にある松浦一酒造にも河童のミイラが代々受け継がれている。「河伯《かはく》のミイラ」として知られ、大きな目や頭の上のくぼみ、水かきなどがはっきりと認められる。

次は、同じ水の妖怪として知られる人魚だ。上半身が人間、下半身が魚という半身半魚の姿をしている。人魚が初めて記録されたのは、かなり古い。『日本書紀』によれば、推古《すいこ》天皇の時代の六一九年のこと。人魚が捕らえられ、天皇に献上されたと記されている。

和歌山県橋本市の西光寺《さいこうじ》・学文路《かむろ》刈萱堂《かるかやどう》には、このときのものとされるミイラが安置されている。体長六〇センチほどで、口から犬歯《けんし》がのぞき、下半身は魚の姿で尾ひれもある。人魚は長命や若返りをもたらすとされ、人魚の肉を食べた娘が、その姿のまま八〇〇年も生き続けた伝説も残っている。

☆その痕跡が示すもの

河童や人魚といった水辺の妖怪に対し、山の妖怪が天狗である。赤い顔に高い鼻、羽団扇《はうちわ》を持った山伏《やまぶし》の姿で知られている。自由に空を飛び、神通力を持ち、時に子どもをさらうとして恐れられてきた（天狗隠し）。

天狗が存在したという痕跡は各地に残されている。戦国時代の武将・小早川隆景《こばやかわたかかげ》は、福岡県と大分県の県境にある英彦山《ひこさん》に住まう豊前坊《ぶぜんぼう》という天狗に遭遇したと語っている。また、江戸時代には、天狗の世界に連れ去られて戻ってきたという少年がいたという話が伝わる。

和歌山県御坊《ごぼう》市には、源　義経《みなもとのよしつね》に武芸を教えたという天狗のミイラが所蔵されているし、埼玉県秩父市の法雲寺《ほううんじ》には、天狗の爪と伝わる寺宝が存在する。今も山深きどこかで、天狗が舞っているのかもしれない。

そして天狗以上に、人を恐れさせてきたのが鬼である。怪力を持ちながら自在に化身して、人を喰らう妖怪である。そんな鬼のミイラが、宮城県村田町の歴史みらい館にある。頭からは角《つの》が突き出し、大きな口にはぎっしりと牙が並んでいる。頭部だけで三〇センチ以上もある大きさで、巨大な鬼を彷彿とさせる。

また、大分県宇佐市にも鬼のミイラがある。大乗院《だいじょういん》という寺院に向かう途中に、厨子《ずし》の中にそれは座った姿で安置されている。顔はのっぺりとしていて、目は落ちくぼみ、頭には大きな角がある。三本指の手を前に組んで座っており、その高さは一・五メートルあまり。立ち上がれば二メートル以上になる大きさである。大乗院の檀家が寺に納めたと伝わるが、出自ははっきりしていない。

これまで見てきた河童、人魚、天狗、鬼といったあやかしは、目撃談や伝承とともに長らく語られてきた。実在の有無というよりも、それらが身近な存在だったことをミイラが今に伝えているのだろう。

ビッグフットの発見は間近に迫っている

未確認生物とされるもののひとつに獣人《じゅうじん》がいる。中でも「ビッグフット」は、アメリカやカナダの山岳地帯に生息するとされ、目撃情報や足跡が数多く報告されている獣人だ。

獣人の大きさを物語るのが、その足のサイズだろう。一八一〇年にアメリカ・オレゴン州で初めて足跡が発見されたのを皮切りに、次々と報告されており、その多くが三五～四〇センチメートル、大きなものは五〇センチメートルもあったという。ビッグフットとは、その足の大きさから名づけられた。

数ある目撃情報から、**ビッグフットは身長二・五～三メートル、体重は二〇〇～三五〇キログラムで、全身毛むくじゃらの一見、ゴリラのような風体らしい。**そして、常に二足歩行し、動きも敏捷《びんしょう》で時には三メートル近いジャンプをすることもあるという。

一九六七年には、アメリカ西海岸・カリフォルニア州ユーレカでビッグフットの撮影に成功している。そこにはゴリラを思わせるような大型動物が映っていた。まるで人間のように二足歩行している姿が印象的である。

このように、映像にまで残されているものの、実物の捕獲にまでは至っていないため、実在は否定され続けてきた。

☆四〇年前に見つかった六一個の巨大な足跡

一九八二年には、アメリカ西海岸最北部・ワシントン州とオレゴン州にまたがるブルー山脈で「ビッグフットと遭遇」という報告を受けて駆けつけた捜査班が、巨大な足跡を六一個も発見している。

この足跡には足紋も残っており、霊長類であることが確かめられた。そのため研究者たちの中には、実在を主張する声もある。

彼らによれば、約一〇万年前に絶滅したとされる身長三メートルの巨大猿人類ギガ

1967年、未確認生物「ビックフット」の撮影に成功したとされる1枚。身長2.5～3m、体重200～350kgのその正体は!?

ントピテクスの一部が、今はアラスカと東シベリアを分けている陸続きだったベーリング海峡を渡って北米に移動し、そのまま生き長らえているのではないかと推測している。

都市伝説と思われてきたビッグフットだが、かつてFBIもビッグフットの毛を鑑定するなど、関心を寄せたことが知られている。

そして近年、アメリカ、ロシア、カナダでビッグフットの存在を証明しようと、専門家によって真面目《まじめ》に研究が進められている。

近い将来、ビッグフットの正体が突き止められるかもしれない。

DNA鑑定で見えてきた雪男イエティの存在

アメリカ大陸の獣人がビッグフットならば、ヒマラヤの雪男として知られるのがイエティである。ヒマラヤに住む少数民族シェルパ族の間では、古くから巨大な生物が存在するという伝承があり、岩に住む者という意味の「イエティ」として畏怖《いふ》してきた。

シェルパ族の伝承によれば、**イエティは背丈が二メートル四〇センチ近くもある大型タイプと、一メートル二〇センチ程度の小型タイプがおり、どちらも二足歩行で移動し、全身は長い毛で覆われている**という。

このイエティの存在は、一九世紀には西洋に伝えられ、その足跡も発見された。世界で広く注目されたのは、一九五〇年代にイギリスの登山家シプトンらの一行が、チベットとネパールの間の氷河を渡っているときだった。

雪の上に長さが四五センチの巨大な足跡を発見したのである。大きな指一本と小さな指三本に分かれていたことから、二足歩行であることは明らかだった。写真に残した足跡は伝承とあいまって、謎の雪男伝説として反響を呼ぶこととなる。

二年後には、エベレスト初登頂を成し遂げたヒラリー卿らが記者会見で、「イエティを目撃した」と発言し、探検家たちがこぞってヒマラヤに入り、雪男探しブームが過熱した。

数々の目撃情報が相次ぐ中、一九八六年には山の斜面に立つイエティが撮影されている。一九九〇年には日本の登山家が、雪の渓谷《けいこく》で長さ三〇センチ、幅二七センチの二足歩行の足跡を発見したと伝えられた。

ただ、イエティそのものを捕らえられていないこともあり、クマとの誤認という説も根強く、その存在に懐疑的な意見も多い。

☆旧人類の生き残りか？

また、旧人類の生き残りの可能性も囁かれた。はるか昔、現生人類のホモ・サピエンスと旧人類のネアンデルタール人が共存していたことから、イエティもそうした旧人類の生き残りであり、山の奥深くひそかに暮らしていたのではないかともされた。

二〇一七年には、アメリカの研究チームが、博物館が保管するイエティのものとされる骨や皮、毛をDNA鑑定したところ、ほとんどがヒグマやツキノワグマと同じ種類のものだったと発表している。むろん、博物館にある数点のみの鑑定だけで、存在の有無までを結論づけられない。

また、その六年前の二〇一一年、ロシアの専門家が国際会議でイエティの生存に関して、かなりの確率で存在する証拠を持っているとも発言していることを考えれば、実はまだ世に発表されていないだけで、存在を示す証拠がひそかにあると考えられなくもない。

日本のツチノコ、テキサスのツチノコ

日本の未確認生物の代表といえば「ツチノコ」である。昭和四〇年代から断続的にブームとなってきた。

体長は三〇～八〇センチで、黒っぽい色をした短いヘビのような生き物である。三角形の頭を持ち、首にはくびれがあり、胴まわりはビール瓶のように太く、尾は短く細い。とぐろを巻かず、体をくねらせて動くとも、直線的に動くともいわれる。軽く一〇メートルほど飛ぶこともできるらしい。猛毒を持ち、噛《か》みつかれると死に至ると恐れられてきた。

実は**ツチノコは、近年に突然現われたわけではなく、『古事記』や『日本書紀』にも「ノヅチの神」として登場する、いわば日本神話時代からの生物である。**

江戸時代にも目撃情報が多く、日本初の百科事典の『和漢三才図会』には「野《の》槌《づち》蛇」として記載されるほど有名だった。この事典では、深い山の藪《やぶ》の中に生息し、最長九一センチあると記されている。

昭和になると一大ブームが訪れる。一九七〇年代、矢口高雄氏が少年漫画にツチノコの漫画を掲載したことから火がついた。ツチノコ探しが始まり、多数の目撃情報が寄せられた。その後も何度か、ツチノコブームが登場している。一九八〇年代には奈良県下北山村《しもきたやまむら》が賞金一〇〇万円をかけてツチノコ探しを開催すると、各地で賞金をかけたツチノコ探しのイベントが始まり、新潟県糸魚川《いといがわ》市では、一億円という高額の懸賞金も飛び出した。それでも捕獲には至らなかった。

二〇〇〇年に入ってからも、何度かツチノコかと思われる生物が発見されている。いよいよ発見かと期待が高まったが、いずれもヤマカガシかマムシの類で、ツチノコではなかった。

☆砂漠で撮影された「サンド・ドラゴン」

ツチノコの正体について生物学者は、ヘビが大きな生き物を飲み込んだ姿ではないかと指摘する。ほかには、トカゲの一種だと指摘する声もある。たしかに、足の存在を除けば、頭から胴体は、ヘビよりもトカゲに似ているかもしれない。

多くの目撃情報があり、これだけ探しても発見に至らないのは、やはり存在しないからではないかという意見もあるが、ツチノコのような生き物が、なんと海外で発見されている。

二〇〇三年、アメリカのテキサス州の砂漠地帯で「サンド・ドラゴン」という、これまで見たことのないツチノコに似た生き物が発見され、撮影にも成功している。サンド・ドラゴンは、ツチノコと同じように体が平べったく、体をくねらせながら進み、ジャンプもできるという。ただ体長は、ツチノコと違い八～一五メートルもある。まさに巨大化したツチノコである。

海外で発見されたのだから、日本でも……。こう思いたいところだが、はたして日本のツチノコ探しの結末はどうなるだろうか。

ネッシーだけではない、中国の湖にも現われた謎の生物

イギリスのスコットランド北部のネス湖は、史上最大の未確認生物との呼び声も高いネッシーが生息していることで有名な場所である。ネッシーの全長は最大九メートル、首長竜《くびながりゅう》のような生物である。

ネッシーが世界を席巻《せっけん》したのは一九三〇年代のこと。**ふたつのコブを背中に持つ巨大生物が泳いでいる姿を見たという目撃談**が紹介されると、世間の関心が高まった。とはいえ、恐竜のような巨大な生物が湖にひそんでいるのか、多くの人が半信半疑だった。

ところが一九三四年、小さい頭に長い首を持つ恐竜のような姿が、写真に収められ、これがネッシーブームに火をつけた。ネッシー探しが本格化し、のちには科学捜査も始まっている。一九七〇年代には、ボストン応用科学アカデミーの調査隊が、高性能

の撮影機材や水中ソナーを使って調査を開始。長さ約二・五メートルの巨大なひれ、さらに長い首を持った生物の存在を示唆《しさ》したことで、にわかに現実味が高まった。

では、ネッシーとはいったいどのような生物なのか。巨大なヘビ、サンショウウオのような大型両生類という説もあるが、多くの研究家は、二億〜一億六五〇〇万年前に生息していた首長竜プレシオサウルスではないかとしている。プレシオサウルスは細長い首と小さな頭、胴体は太く、大きな胸びれを持っている。この生物はすでに絶滅しているはずだが、その一部が生き残ったのではないかと考えられたのだ。

いよいよ実在の可能性が高まっていたが、一九九四年に衝撃の事実が発覚する。一九三四年に撮影されたネッシー写真は、おもちゃの潜水艦を改造して浮かべたフェイクだったのである。これは世界を落胆させることになった。

それでも目撃談がその後も相次いでいることや、二〇一一年にもヘビのような謎の生物をとらえた写真があることから、存在を主張する声は消えていない。

☆お盆のような頭、長い首、そして角

興味深いのは、謎の水中生物がネッシーだけではなく、世界各地の湖でも目撃され

ていることだろう。

特に二〇〇七年には、中朝国境にある長白山《ちょうはくさん》の天池《てんち》で謎の巨大生物の目撃が相次いだ。「お盆のような大きな頭、頭頂部には角らしきものがあり、首は長い」「体は牛くらいで、頭の大きさはタライくらいある」「体色は黒褐色」など、具体的な証言が寄せられた。

謎の未確認生物発見とされる一方で、北朝鮮メディアは、同国の研究員の話として、北朝鮮が四〇年以上前に放流したマスが変異し、巨大化したのではないかと伝えた。放射性物質による突然変異で巨大化したかもしれないという。

また、二〇一二年には、同じ中国の新疆《しんきょう》ウイグル地区のカナス湖で長さ数メートルもある生物が目撃され、メディアが報じたことがある。地元では、「湖には巨大な怪物がいる」という伝説があったことも、話題に拍車をかけたようだ。

ネッシーに始まる謎の水中生物は、今も我々に話題を振りまいてくれている。

8章

想像を超えた「不可思議な現象」

——今日もどこかで〝謎めいたこと〟が起きている！

二一世紀の日本でも、生き物が空から降ってくる

空から降ってくるものといえば、ふつうは雨や雪である。時に大粒のヒョウが降ってきて驚かされるくらいのものだ。

ところが、**生き物が降ってくるというミステリー現象が、世界各地で起こっている。それは、地上や水中に生息する、飛ぶはずのない生き物たちである。**

アメリカの作家で超常現象の第一人者チャールズ・フォートは、このような空からの落下物を「ファフロツキーズ現象」と名づけた。

一七世紀、すでにこの奇妙な現象が伝えられており、イギリスのケント州ではひとつの畑に魚が集中的に降り注いだという。一九世紀には、ウェールズで生きたヒメハヤやトゲウオといった魚が広い範囲に降っている。また、インドでも二つの町に乾燥した魚が降ってきたという話が残っている。

この不思議現象は今も続いているようだ。二〇一七年、アメリカ西海岸のカリフォルニア州の小学校に多数の魚が散乱しているのが発見された。校庭や校舎の屋根からも発見され、空から降ってきたとしか考えられないと、関係者は口をそろえて言っている。

このほかにもカエル、ザリガニ、ウナギ、トカゲなど、さまざまな小動物が降ったという事例が報告されている。

日本も例外ではない。二〇〇九年六月、石川県では数日間に空からオタマジャクシや小魚が降ってきたことがあり、ニュースになっている。能登《のと》半島の七尾《ななお》市に一〇〇匹近いオタマジャクシが降ったのをはじめ、白山《はくさん》市でも三〇匹程度のオタマジャクシの死骸《しがい》が落ちていた。さらに、七尾市の隣町・中能登町にはフナと見られる小魚が一〇匹あまり落ちていたという。

☆「ファフロツキーズ現象」の謎

生き物が降ってくる原因について、ふたつの説が浮上している。

まずあがったのは、竜巻やつむじ風など自然現象によるケース。巻き上げられて別の場所に落下したと考えられる。しかし、これらの現象が起きたとき、その付近で竜巻が観測されていない例が多く、石川県の場合も竜巻は観測されていなかった。しかも風など自然が運んだのであれば、なぜ、ほかの落下物がなく、オタマジャクシや小魚だけだったのか、説明がつかない。

もうひとつは、生き物を飲み込んだ鳥が途中で落としたというケース。しかしこれも、鳥が生き物を飲み込むにも限度があり、一度に大量の生き物を落としたというのは考えにくいだろう。

この怪現象の謎は、いまだはっきりしていない。

『旧約聖書』の中には、イスラエルの民が空腹に耐えかねていたとき、神が天から「マナ」という食べ物を降らせたというエピソードがある。ファフロツキーズ現象も天から与えられた贈り物なのだろうか。

いまだに双子ばかり生まれるブラジル奥地の村

双子の知り合いが何人もいるという人は少ないだろう。それもそのはず、あるデータによれば、生まれる子ども全体の〇・三パーセント程度だといわれている。奇跡に出会うことは、そうそうないのだ。

ところが世界には、なぜか双子が多く生まれるという不思議な地域が存在する。インドのモハンマドプルウムリ村では、この二〇年の間に二〇〇所帯に三〇組以上の双子が生まれている。つまり、双子が生まれる確率は通常より五〇倍も高い。インドのコディンヒ村でも、村人二二〇〇人中、二二〇組が双子と、人口の一割が双子である。

この現象はインドだけではない。中国の湖南省《こなんしょう》の鶴山村では、ここ半世紀の間、双子が五パーセントの割合で生まれている。ほかにもフィリピン、ブラジルなどで、「双子村」と呼ばれるほど双子の多い村が知られている。

これは、ただの偶然なのか、それとも何か特別な理由があるのか……。特定の村々で、双子が多く生まれる理由については、はっきりしていない。一説では、その地域の水と関係しているという指摘がある。たとえば、**フィリピンのルソン島のカリンガ州ルブアガンでは、ティウッド・スプリングという泉の水が、双子の誕生や懐妊《かいにん》に関係しているという。**

たしかに、泉のまわりに集落ができた一九六〇年代以降、三〇世帯のうち一六世帯に双子が生まれている。また、不妊に悩むマニラ在住の女性二人がこの泉の水を飲み、泉で入浴すると、数か月後にどちらも妊娠したという。この話が広まり、今では宝の泉として知られている。また、この地域では、次のような言い伝えも残っている。その昔、ここは部族対立が激しく、あるとき敵が住民の大量虐殺《ぎゃくさつ》を狙ってこの泉に毒を入れようとした。しかし、泉のまわりに突如、炎が現われ、敵を追い払うと命のエネルギーを泉に注いだというのだ。この言い伝えは何を示しているのだろうか。

☆ナチスの医師の陰謀説

二〇〇九年、ブラジル奥地にあるカンディド・ゴドイ村について、ある仮説が唱えられ、話題になったことがある。この村はドイツ系移民の多い村で、多くの双子が生まれることで知られていた。

この村には、かつてナチスドイツのお抱え医師だったヨーゼフ・メンゲレが、戦犯から逃れるためにひそんでいた。双子研究に関心を持ち、かつてはユダヤ人相手に多産実験を繰り返していた彼は、この村の妊婦にも誘発剤を飲ませていたのではないかという。その結果、この村に双子が多く生まれるようになったのではないか……。

しかし、双子の出生時期を調査してみると、メンゲレが来る前から双子が多く生まれており、メンゲレによる誘発剤が要因ではないという指摘もある。

では、なぜこのような不思議な地域が存在するのか。

世界の双子の村は閉鎖的で規模の小さな村が多い。ほかの地域から孤立していると、血縁の近い者同士で結婚するケースも多くなる。もし双子の生まれやすい遺伝子を持っている人がいると、必然的にその遺伝はそこで広がることになり、結果、双子が生まれる確率が高くなるのではないか……。ただこれも、あくまで仮説にすぎない。そもそも双子と遺伝の関係は、今もよくわかっていないのだ。

一九七六年の狼男をつくった？満月の魔力

満月の夜、人の姿から狼《おおかみ》の姿に変身する半人半狼《はんじんはんろう》のモンスター狼男。狼男は理性を失い、次から次へと人や家畜をおそう。そのため、中世ヨーロッパでは魔女とともに忌《い》み嫌われ、恐れられた存在である。

満月の夜に人が狼男に変身するかは不明だが、狼男のように人が変貌することはあるらしい。実は月の満ち欠けが、人の心を狂わせる力があるという説がある。

アメリカの精神科医アーノルド・リーバーは、精神病患者が満月の日に異常行動に走ることが多いことに着目。フロリダ州とオハイオ州の、一〇年以上に及ぶ三八九五件の殺人事件と月齢との関係を調査したところ、意外な事実が判明する。満月時には、殺人事件が通常の一・四倍、次の新月の直後には一・三倍も起こっていたのである。

過去の重大事件においても、満月の時期と犯行の時期が一致する傾向にあると指摘されている。そのひとつの例が、**一九七六年から翌年にかけて起こったニューヨークの連続殺人事件「サムの息子」こと、デイヴィッド・バーコウィッツの事件**である。彼は六度も殺人を犯したが、そのうち五回が満月の日の犯行だった。

犯罪に対峙《たいじ》する現場の警察官も、凶暴事件と月との関係を実感していたようだ。二〇〇七年にはイギリス・サセックス州警察が、「月の満ち欠けと暴力行為には関係がある。満月の日には警備にあたる警官を増やすべきだ」という見解を出している。また、ニュージャージー州オーシャンシティのドミニク・ロンゴ警察署長も、「満月の夜は事件が多く発生している」と発言している。

どうやら人は、満月の日に狼男のような行動に走ってしまうらしい。

☆人はその夜、変身する

月と人にどんな関連性があるのだろうか。

満月と殺人事件の関係を調べていた先の精神科医リーバーは、著書の中である仮説を唱えている。

人体の約三分の二が水分で占められていることが要因だという。地球の潮の満ち引きが、月の引力の作用を受けていることは誰もが知るところだが、それと同じように、人も月の引力の影響を受けているのではないか。そして、月の引力によって情緒が不安定になり、結果、緊張が高まり、衝撃的な行動に出てしまうというのである。

月と人の精神との因果関係は定かではないが、彼の説に従えば、月は人を動かす魔力を秘めていることになる。満月の夜、人が狼男に変身するという話は、あながち外れていないのかもしれない。

船や飛行機が姿を消す——バミューダ・トライアングル

地球上には、船や飛行機が突然姿を消すという海域がある。それが大西洋のプエルトリコとバミューダ諸島、そしてアメリカのフロリダ半島の先端を結ぶ広大な三角形の海域である。ここはバミューダ・トライアングルと呼ばれ、**このエリアを通った船や飛行機が痕跡も残さず、突然姿を消してしまう**とされている。すでに大航海時代から、船が姿を消したという記録が残されており、古くから魔の海域として知られていたようだ。

もっとも有名な話は、アメリカ海軍所属のアベンジャー雷撃機の一件だろう。一九四五年、大西洋海域のパトロールにフロリダから飛び立ったアベンジャー雷撃機から、管制塔に「コースを外れて方角がわからなくなった」とＳＯＳが入ったあと、交信が途絶えてしまう。救援機が向かったが、その救援機も消息不明となる。飛行機の墜落を思わせるような残骸は何ひとつ発見されず、機体すべてがまるで忽然と姿を消してしまったかのようだった。

バミューダ・トライアングルでは、乗組員とともに船体や機体がどこかへワープしたかのように消えてしまう。このような話がいくつもあり、まさにミステリーゾーンといえる。

☆なぜ、残骸が残らないのか

むろん、この原因についてさまざまな解明が試みられてきた。

一般的に考えられる原因は、突発的な津波や竜巻、ダウンバースト（強烈な下降気流）など自然現象説だ。ただ、天候が荒れていないときにも消失事件は起こっており、自然の影響だけでは説明がつかないという。それに、自然による事故ならば、何かしらの残骸が残ってもいいはずだ。

また、このエリアで複雑な磁場が形成され、磁場異常を引き起こし、計器類を狂わせたのではないかとも考えられた。しかし、それだけで沈没や墜落を繰り返すとは考えにくいという指摘もある。

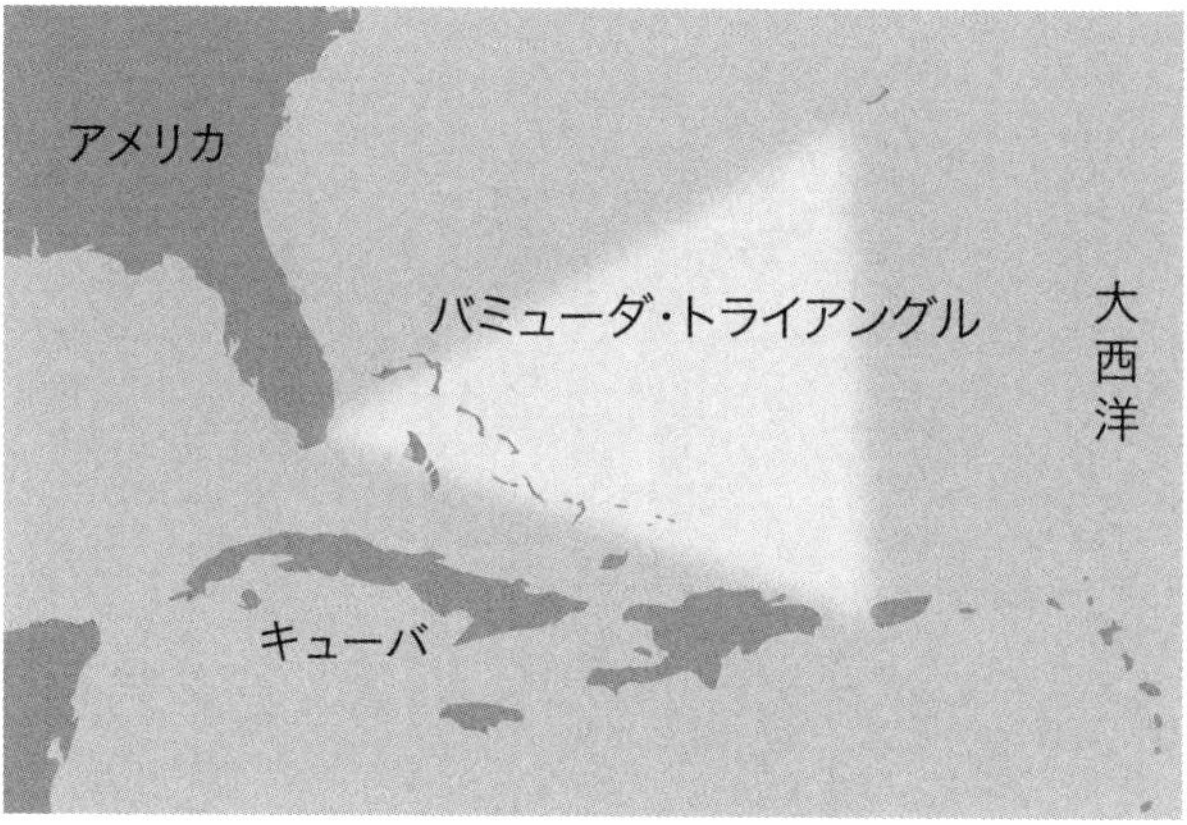

バミューダ・トライアングル――アメリカ南東・大西洋の「魔の海域」で忽然と姿を消した乗り物はいったいどこへ？

そのほか、船に関しては、サルガッサムという海藻が大量に発生し、スクリューにからみついて航行不能に陥ったのではないかともいわれたが、飛行機が消える謎は解決しない。

ついには、異次元に通じたブラックホールに飲み込まれた、ＵＦＯに誘拐《ゆうかい》されたなど、奇抜な説も飛び出した。

このミステリーゾーンに光を当て始めたのが、メタンハイドレート説である。

メタンハイドレートとは、天然ガスの一種であるメタンガスが氷状に圧縮された物質で、次世代のエネルギー資源になると注目されている。

このメタンハイドレートがバミューダ・トライアングルの海底に氷状で埋蔵されていることがわかっている。海水温が上昇すると、メタンハイドレートが溶け出し、メタンガスが発生する。このメタンガスが大量発生した際に出る泡が、航行する船の浮力を奪い取って沈没させてしまうのではないかというのだ。

また、メタンガスは軽いので上空へ上昇する。飛行機のエンジンがメタンガスを吸い込むと、不完全燃焼で出力が出せず、墜落する可能性も十分あるという。

この説であれば、船と飛行機がどちらも消失することになるが、それでも残骸が残らないという説明まではつかない。

また、ほかの地域、海域にもメタンハイドレードの埋蔵場所があるにもかかわらず、バミューダ・トライアングルだけで消失事件が起こるというのは疑問である。

魔の三角海域＝バミューダ・トライアングルには、まだ誰も知らない力が働いているのだろうか。

日本でも起こった！　涙を流すマリア像

それは奇跡なのか、オカルトなのか――世界各地でマリア像が涙を流すという事例が報告されている。

たとえば、一九八一年三月一三日、アメリカ・カリフォルニア州ソーントンの教会で、祭壇の脇に立つマリア像が涙を流すという現象が起こった。以降、毎月一三日になるとマリア像が涙を流すようになった。しかも、このマリア像を写真で撮ると、背後にキリストの姿が浮かび上がったという。

涙を流すマリア像は、カナダやイタリア、オーストラリアなどからも報告されており、キリスト教の奇跡とうわさされてきた。

最近では二〇一七年、アルゼンチンのサルタ州にある教会では、マリア像が血の涙を流したと、メディアを騒がせたことがある。

このような不思議現象、実は海外だけで起こっているわけではない。日本でも同じような奇跡の聖母《せいぼ》が出現したことがある。秋田市の修道院「聖体奉仕会」に、高さ一・二メートルほどのマリア像がある。この像は地元の彫刻家が制作した桂の一刀彫《いっとうぼり》で、十字架を背に手を差し伸べるようにして立っている。一見、多くの教会にあるマリア像とは何ら変わらない姿だ。

ところが一九七三年、突然手のひらに刃物で刻んだかのような十字架の傷が現われ、血がにじみ出ているように見える現象が起こった。それが合図だったかのように、**一九七五年、今度はこのマリア像の両目に涙があふれ、流れ出した。**涙が胸のくぼみにたまり、足元まで流れ落ちたという。

しかもこの落涙《らくるい》現象は、一度きりではなかった。その後、六年間にわたって断続的に一〇一回も涙を流したというのである。多くの目撃者がいることから、これはうわさ話の類ではない、実際に起こった現象である。

☆法医学教室の分析――人の涙の成分だった!?

とはいえ、木彫りの像が涙を流すことなど考えられない。木材に含まれていた水分がしみ出しただけではないか……。

マリア像の涙の鑑定がなされたことがある。マリアの涙とされる液体を脱脂綿《だっしめん》でぬぐい、それを岐阜大学と秋田大学の法医学教室に送り、分析を試みた。

鑑定結果は驚くべきものだった。両大学とも、液体はヒトの体液と同じ成分だと結論づけたのだ。つまり、マリア像が流したものは、何かの液体ではなく、本物の涙と確認されたことになる。

一九八一年九月一五日を最後に、落涙は起こっていないという。マリア像の奇跡は、何を訴えていたのか。一部では、神は存在し、近くにいることを伝えたかったのではないかといわれている。

本書は、本文庫のために書き下ろされたものです。

世界《せかい》の超常現象《ちょうじょうげんしょう》ミステリー

著者　博学面白倶楽部（はくがくおもしろくらぶ）
発行者　押鐘太陽
発行所　株式会社三笠書房
〒102-0072 東京都千代田区飯田橋3-3-1
電話　03-5226-5734（営業部）03-5226-5731（編集部）
https://www.mikasashobo.co.jp
印刷　誠宏印刷
製本　ナショナル製本

 ISBN978-4-8379-3053-2 C0130

王様文庫

王様文庫

いちいち気にしない心が手に入る本

内藤誼人

対人心理学のスペシャリストが教える「何があっても受け流せる」心理学。◎「マイナスの感情」をはびこらせない　◎〝胸を張る〟だけで、こんなに変わる　◎「自分だって捨てたもんじゃない」と思うコツ……etc.「心を変える」方法をマスターできる本！

ことだま「名前」占い

水蓮

「まさみ」の「ま」は真実を見抜く力を示している!?　◎あなたに与えられた素晴らしい才能　◎名前は呼ばれるたびに「幸せスイッチ」がオンになる　◎その人の名前はあなたの「運命の人」か……ひらがな50音に宿る〝ことだま〟で「その人」をズバリ読み解く新・姓名判断！

気くばりがうまい人のものの言い方

山﨑武也

「ちょっとした言葉の違い」を人は敏感に感じとる。だから……　◎自分のことは「過小評価」、相手のことは「過大評価」　◎「ためになる話」に「ほっとする話」をブレンドする　◎「なるほど」と「さすが」の大きな役割　◎「ノーコメント」でさえ心の中がわかる

K30632

王様文庫

面白すぎて時間を忘れる雑草のふしぎ

稲垣栄洋

みちくさ研究家の大学教授が教える雑草たちのしたたか&ユーモラスな暮らしぶり。どんな雑草もボ〜ッと生えてるわけじゃない！ ◎「刈られるほど元気」になる奇妙な進化 ◎「上に伸びる」だけが能じゃない ◎甘い蜜、きれいな花には「裏」がある…足元に広がる「知的なたくらみ」

週末朝活

池田千恵

「なんでもできる朝」って、こんなにおもしろい！ ○「朝一番のカフェ」の最高活用法 ○今まで感じたことがない「リフレッシュ」 ○「できたらいいな」リスト……週末なら、時間も行動も、もっと自由に組み立てられる。心と体に「余白」が生まれる59の提案。

見てきたように面白い「超古代史」

黒戌 仁

「人類創世の神々」とはいったい何者なのか―― ■原始の地球を支配していたのは「大きな赤い蛇」だった？ ■身長40メートルのアダムとイブ ■ギリシア神話に登場する半神半人は実在していた⁉……人類の起源から来るべき終末の暗示まで、誰もが「新しい歴史の目撃者」となる！

K30633

王様文庫

博学面白倶楽部の本

世界史ミステリー

歴史にはこんな〝裏〟がある。だから、面白い！　◎マルコ・ポーロの『東方見聞録』は誰が書いたのか？　◎タイタニック沈没にまつわる噂……浮かび上がる〝謎〟と〝闇〟！

日本史ミステリー

「あの大事件・人物」の謎、奇跡、伝説――「まさか」があるから、歴史は面白い！　◎「徳川埋蔵金」のゆくえ　◎今なお続く奇習が伝える、平家の落人の秘密……衝撃と驚愕が迫る！

「暗殺事件」ミステリー

「あの事件」には、こんな裏があったのか!?　◎【源頼朝】兄の妻を励ましたその一言が命取りに　◎【エリーザベト】致命傷に気づかずに歩き続けた!?　……抗えなかった運命とは

「世界の神話」ミステリー

ギリシア、北欧、ケルト、エジプト、インド――数千年の時を超え、語り継がれるストーリーには理由がある！　〝リアルな神話〟の世界が見えてくる本！

世界遺産ミステリー

ナスカの地上絵、万里の長城、ヴェルサイユ宮殿、イースター島のモアイ像……「聞いていた話」とこんなにも違う！　ガイドブックには出てこない、知られざるストーリー！

古代文明ミステリー

知られざる「ドラマ」、失われた「技術」、信じられない「習慣」――世界は謎とロマンにあふれている！　マヤ文明の終末論、始皇帝陵を守る兵馬俑の向き……人類の起源がここに！

K60024